QUEM ESVAZIOU A MINHA CARTOLA?

TRANSFORME IDEIAS IMPROVÁVEIS EM CONQUISTAS EXTRAORDINÁRIAS

ISSAO IMAMURA

TREND editora

Editora
Nayra Ribeiro

Editor
Jeferson Bruno

Revisão
Esther Livonius

Produção editorial
AugeBooks

Projeto gráfico e Diagramação
Carla Heloisa

Design de capa
Raphael Vieira

Dados Internacionais de Catalogação na Publicação (CIP) de acordo com ISBD

I31q Imamura, Issao

Quem esvaziou minha cartola: transforme ideias improváveis em conquistas extraordinárias / Issao Imamura. – Jandira, SP : Trend, 2025.
160 p. ; 15,5cm x 22,6cm.

ISBN: 978-65-8318-704-8

1. Autoajuda. 2. Desenvolvimento. 3. Superação. I. Título.

2025-4458 CDD 158.1
CDU 159.947

Elaborado por Odilio Hilario Moreira Junior - CRB-8/9949

Índice para catálogo sistemático:
1.! Autoajuda 158.1
2.! Autoajuda 159.947
!

1ª Edição em 2025
www.cirandacultural.com.br

À minha esposa querida, Cybele, um presente de Deus, que sempre me incentivou a sair da minha zona de conforto, forçando-me a tirar da minha cartola habilidades que nem eu sabia que tinha.

Ao meu querido filho, Yudji, e à minha querida filha, Yumi, que me obrigam a renovar constantemente o conteúdo da minha cartola.

Aos meus pais queridos que mesmo trazendo coisas boas e ruins dentro de suas cartolas, selecionaram aquilo que eles tinham de melhor para encher a minha cartola.

Ao meu irmão querido, Leo, que sempre me inspirou e me acompanhou nos momentos mais decisivos da minha vida, sacando de sua cartola uma inteligência estratégica milenar que ele adquiriu do mestre chines, Moy Yat.

Ao meu irmão querido, Evandro, que sempre foi um fiel escudeiro, ajudando a pensar com o que encheria a cartola, para quem e quando tiraríamos.

Para meus líderes e amigos Eduardo e Fabiane, que tiraram de suas cartolas muita paciência e sabedoria para orientar sobre o amor de Deus, família, casamento e finanças.

SUMÁRIO

INTRODUÇÃO

Você já se pegou sonhando em fazer o impossível acontecer? Por exemplo, sumir com alguém que te incomoda, fazer aparecer muito dinheiro do nada ou até conquistar o corpo dos sonhos? E quando a paciência acaba, já imaginou desaparecer do escritório e surgir numa praia paradisíaca?

Por ser o primeiro ilusionista da história do Brasil, desde 1993, *ouvi* inúmeras perguntas aparentemente absurdas como estas de plateias de todo país. Milhares de pessoas ao vivo e milhões de telespectadores assistiram aos meus espetáculos, mostrando o incrível interesse humano de fazer o impossível acontecer.

Se você se identificou com essas pessoas que sonham com o impossível, você experimentou um pouco da mentalidade de um mágico ou de um ilusionista. Porém, eles não param no estágio de sonhar, eles vão além, sempre buscando algum meio teatral para fazer o impossível acontecer diante da sua platéia.

Elon Musk (Tesla), James Kraft (Kraft Foods), Mark Zuckerberg (Meta), Henry Heinz (HJ Heinz), Steve Jobs (Apple), Bono Vox (U2), Billy Graham (Evangelista), Ayrton Senna (Piloto) e milhares de outros "sonhadores", são exemplos de pessoas que confrontaram o "impossível" fora dos palcos teatrais, e construíram um legado que influencia o mundo até os dias de hoje.

Este livro compartilha os segredos de uma mente ilusionista, usando os princípios estratégicos que criei para apresentar feitos extraordinários nunca realizados na história do nosso país. Durante *toda* minha carreira, eu ajudei "sonhadores" a "pensar fora da cartola" *para tornar seus sonhos intangíveis em realidade*, no mundo real.

Verdades complexas transmitidas de forma simples, quando assimiladas pelo coração, e não apenas pela mente, permitirão que você viva a desafiadora jornada de transformar uma ideia imaginada em algo palpável no mundo físico. Isso gerará valor para você, para as pessoas que você ama e para a humanidade.

Infelizmente, o cemitério é um lugar cheio de boas ideias que nunca foram realizadas. Por isso, quando você alcançar o estágio em que realiza aquilo que parecia impossível, acostume-se a ser chamado de mago, herói, mestre ou homem de sucesso. Afinal, uma vez alcançado este patamar de realizações, um ambiente repleto de surpresas emocionantes, encantamento e inspiração, farão parte do seu dia a dia, mesmo que você não queira.

Quero inspirar você a transformar sonhos distantes e intangíveis em realidades palpáveis que trazem alegria e se tornam ótimas oportunidades para se exercitar a gratidão. Não precisa ser um grande sonho. Até mesmo pequenas mudanças que parecem impossíveis, exigem uma jornada, como a de um mágico que ao tirar algumas surpresas de sua cartola de truques, acaba encantando e atraindo a atenção de todos, pelo resultado inusitado que alcançou.

Não recomendo este livro para quem não tem interesse em fazer algo novo acontecer, nem para quem está acomodado com a vida que tem e não deseja mudar mais nada até o fim dela. Se você quer desaparecer deste mundo e ser esquecido para sempre, como se nunca tivesse existido, fuja deste livro.

A ILUSÃO DA PREPARAÇÃO:

TRANSFORMANDO SONHOS EM REALIDADE

TODOS SONHAM, MAS NEM TODOS FAZEM DOS SONHOS UMA REALIDADE.

Vou ser bem direto: já se pegou querendo mudar o mundo, mas não consegue nem mudar aquilo que você sabe que está fazendo de errado? Parece que está sempre sonhando, mas nunca transforma esses sonhos em realidade?

Embora tenha boas ideias e sonhos fantásticos, você percebe que o tempo passa sem que nada aconteça. A rotina domina, gerando frustração, e você se ocupa com afazeres que trazem satisfação momentânea, mas que retardam a realização dos seus sonhos. Muitas vezes os sonhos até desaparecem do foco, com tantas distrações que aparecem no caminho. E o pior, sonhos que poderiam influenciar gerações, trazendo frutos eternos.

A causa é que você simplesmente não dedica tempo suficiente para se preparar adequadamente nos "bastidores". Em outras palavras, até deseja realizar feitos maravilhosos e impressionantes que agreguem valor às pessoas. No entanto, quando chega o momento de usar seus conhecimentos e habilidades durante o "espetáculo", percebe um "vazio". Parece que "não encheu a cartola" o suficiente para produzir qualquer resultado. O público, infelizmente, jamais saberá o que você iria "tirar da sua cartola".

Este é um princípio fundamental: **nem mesmo o mais habilidoso e o mais famoso dos mágicos consegue tirar algo de uma cartola vazia.**

Para surpreender a plateia, é crucial decidir antes o quê colocar dentro da cartola. Encher a cartola de escorpiões nos bastidores e esperar tirar coelhinhos fofos na hora do show, não funciona. Isso exemplifica como algumas pessoas desejam proferir palavras bonitas, porém, no seu cotidiano habitualmente se enchem de palavrões, raiva e frustração. Quando chega o momento de abençoar, não conseguem oferecer nada que edifique.

Por exemplo, quanto à educação de seu filho, você sonha que ele seja bem-educado ou pelo menos aparente isto. Porém, sem perceber, só lhe "ensina" expressões obscenas vindas de você mesmo. "Ensina" a mentir quando, na frente do seu aprendiz , você inventa uma desculpa para fugir de uma tarefa que não gosta. Expressa constantemente sua ansiedade e irritação, sem perceber, fazendo com que seu filho aprenda a se comportar dessa mesma maneira e ter uma mentalidade muito parecida com a sua.

Um discípulo, aprende por observação. Quando você não quer ir a um jantar com uma pessoa e diz que estará "ocupada" no dia, a criança percebe a mentira. A "cartola" do seu filho está sendo diariamente preenchida, desde cedo, com referências de comportamentos de uma criança "mal-educada". Fatalmente, na "hora do show", na frente das pessoas, ela "vai tirar para fora da cartola" toda murmuração, grosserias e malícias diante da "plateia".

Outro exemplo prático é você ter o sonho de deixar seu emprego atual e empreender, mas não dedica tempo suficiente para adquirir novos conhecimentos para a nova carreira. Em vez disso, em cada momento livre, você gasta assistindo novelas ou saindo para beber com amigos, sem tempo para "encher sua cartola" com aquilo que o tornaria um empreendedor de sucesso. E como ninguém está te vendo nos bastidores, você sempre deixa a tarefa de "encher a cartola" para depois.

Essa história me traz uma lembrança muito marcante de quando, aos 20 anos, fui o primeiro brasileiro a representar o Brasil numa Olimpíada de Mágica realizada no Japão. Países de todo o mundo estavam presentes, e eu estava lá representando o meu país. Utilizei as habilidades que havia desenvolvido por 9 anos e toda minha criatividade para construir uma apresentação artística exclusiva.

Assim como uma ginasta olímpica, cria uma performance original para ser apresentada nos jogos olímpicos, eu criei um show de 12 minutos com mágicas autorais, que seria analisado por jurados internacionais. Não eram truques de mágicas comuns que você compra em lojas.

Eram mágicas exclusivas criadas por mim, onde eu transformava uma linda pomba branca viva, em um pequeno paraquedas que trazia uma bolinha amarela, que em segundos, diante de todos, se transformava em um lindo periquito amarelo. Estas transformações teatrais eram realizadas com muita precisão, sem margens para erros, pois uma mágica dependia da outra, do começo ao fim da apresentação.

Como resultado, em 1988, o Brasil se tornou o primeiro país da América Latina a conquistar um prêmio olímpico na arte da mágica mundial. Entendi que este sucesso foi devido ao que eu tinha "colocado dentro da cartola" há 9 anos: técnicas de mágicas originais, disciplina, foco e persistência nos bastidores.

A "cartola estava cheia" de habilidades individuais, que não dependiam de mais ninguém. Porém, meu grande sonho não era apenas realizar mágicas com pombas que dependiam só da minha habilidade, mas ser um grande ilusionista que cria espetáculos grandiosos com carros que surgem no palco, levitações de pessoas e efeitos especiais mirabolantes que dependem de uma grande equipe nos bastidores. Se a equipe falha, o ilusionista fica sem controle e o espetáculo é comprometido.

Ninguém jamais me ensinou que a mentalidade de um mágico é bem diferente da de um ilusionista. Enquanto o mágico foca nas habilidades técnicas, o ilusionista precisa ir além, desenvolvendo sabedoria em liderança, trabalho em equipe e gestão de recursos.

Os custos envolvidos nas estruturas de um ilusionista são significativamente maiores e exigem uma administração meticulosa. Ele deve cultivar uma cultura de confiança dentro da equipe, incutindo em cada integrante, a consciência de que qualquer falha pode arruinar o espetáculo e decepcionar o público.

O ilusionista precisa gerenciar as emoções das pessoas e dar autonomia à sua equipe. A equipe deve garantir que um caminhão de verdade, pesando 4 toneladas, apareça surpreendentemente, do nada, no palco no momento certo, conforme o planejamento.

Nas Olimpíadas do Japão, eu ganhei o reconhecimento do sucesso como um mágico criativo e habilidoso. Porém, mesmo sendo brilhante e premiado, minha mentalidade se limitava a esse papel solo.

Quando voltei ao Brasil, decidi criar os grandes espetáculos de ilusionismo. Uma empresa perguntou se eu conseguia fazer um enorme computador, do tamanho de quatro geladeiras, aparecer no palco, e aceitei o desafio. Porém, o conhecimento que me trouxe sucesso no Japão, não foi suficiente para este projeto no Brasil, pois me faltavam habilidades para gerenciar equipes, administrar recursos e preparar tudo adequadamente num prazo muito curto.

O espetáculo foi um fiasco.

O resultado não aconteceu como deveria. Houve muitas falhas e fiquei muito frustrado, pois meu grande sonho de ser um ilusionista, começou a fracassar logo de primeira. Aprendi da maneira mais difícil que um mágico usa pombos e coelhos, pois eles não chegam atrasados nos shows e nem processam o artista na justiça do trabalho.

O ilusionista, por outro lado, lida com pessoas e precisa de habilidades específicas. Eu queria ser um grande ilusionista, mas não tinha os atributos necessários para organizar uma grande estrutura que surpreendesse a plateia.

A mentalidade faz toda diferença. A mentalidade de alguém que quer deixar um grande legado para o mundo, é bem diferente daquele que não se prepara para fazer a diferença na humanidade. Em vez disso, se ocupa de atividades fúteis que nada contribuem para este mundo.

Por exemplo, pense num pai e seu filho adulto. Após longos anos de distância, ainda magoado, o filho tem vontade de se aproximar novamente do pai que ele ama, mas não consegue superar o orgulho para pedir perdão, pois se sentiu ofendido durante uma discussão entre os dois e se afastou do pai. Ele sonha em ter essa pessoa especial por perto, mas não faz o necessário para isso acontecer.

Na sua "cartola", ainda existe orgulho e ele não está a fim de enchê-la com perdão. O que este filho não está enxergando é que esta relação ferida de paternidade, prejudicará a relação com seus futuros filhos, e consequentemente as gerações futuras. Quando for pai, ele entregará para os filhos uma "cartola" cheia de cargas que influenciarão suas vidas. E estas cargas atrapalharão na hora em que eles estiverem se apresentando no "palco da vida".

Muitos sonhadores enfrentam desafios semelhantes, querendo realizar feitos grandiosos e deixar suas marcas neste mundo, mas acreditam que é impossível investir no tempo e no preparo necessários. Tempo precioso nos bastidores para encher a cartola de coisas novas e para esvaziá-la de tudo aquilo que não se quer tirar para o público.

É irônico: Possuem o desejo de serem aplaudidos pelo público e pelas grandes realizações, mas nos bastidores, quando ninguém vê, se deixam dominar pela preguiça e não preparam suas "cartolas". Ninguém lhes ensinou que "encher a cartola" é fundamental.

Para muitos sonhadores, encher a cartola é uma tarefa tediosa. Eles se interessam apenas pelo momento de "*glamour*", quando recebem aplausos ao tirar maravilhas de dentro da cartola. Para esses sonhadores, o que realmente importa é o que acontece no palco, enquanto o que ocorre nos bastidores é desprezado.

Poderiam até se delegar para outros, a atividade de "encher o compartimento oculto no fundo da cartola". Mas justificam que não vão perder tempo em encher a cartola, pois mesmo cheia, não seria uma garantia de sucesso.

Quantos sonhos incríveis são levados para o túmulo com uma pessoa? Isso acontece porque, durante toda a vida, ela sonhou em realizar algo grandioso, mas nunca reconheceu a importância de se preparar nos bastidores, dia após dia. Ela negligenciou a necessidade de adquirir conhecimentos e habilidades enquanto ninguém estava olhando.

Era um preparo bem simples: bastava ir aos bastidores sem que ninguém percebesse; decidir o que surpreenderá e encantará a plateia; colocar com cuidado, no "fundo falso", de sua "cartola de truques" e em "cada espetáculo" retirar de forma entusiasmada, "no palco", o que ocultou dentro dela, nos bastidores. Parece fácil, mas por que não faz? Porque há mentiras no coração. Que mentiras? Mentiras de baixa autoestima que geram autossabotagem.

Existem várias razões para que ele não se prepare adequadamente.

Talvez, quando criança, alguém tenha dito: "*Você não tem jeito para nada, jamais será alguém na vida.*" Ou ele viu coisas traumáticas, como os pais brigando, o pai batendo na mãe, a mãe sofrendo abusos. Essas experiências negativas ficam no coração, semeadas na infância. Quando cresce, o adulto acredita que isso faz parte da vida e essas memórias influenciam suas decisões e escolhas de maneira assustadora.

Ninguém decide errado porque quer. Decisões erradas acontecem porque se baseiam em realidades falsas. É como um pedreiro construindo um muro com o prumo errado. O prumo na posição certa garante o alinhamento correto de uma parede. Quando o prumo está torto, a parede é construída torta, e por mais que o construtor se esforce, o resultado será sempre uma parede desalinhada, deixando a casa toda deformada.

Quantos de nós construímos a vida com o prumo errado, acreditando em coisas erradas? Se sua mãe disse que você não presta, você carregará isso no coração e baseará suas escolhas nisso. Quando encontrar alguém decente para casar, não a enxergará dessa forma e pensará que quem "não presta" não merece casar com quem "presta".

Um garoto que ouviu dos pais que não seria ninguém, pode ser atraído por um bandido que o elogie: "Você tem futuro, venha comigo para o mundo do crime." No ambiente errado, sua mente se enche de violência e enganos, refletindo isso na sociedade.

Nestes casos, o que impede as pessoas de se realizar feitos impressionantes é a falta de controle sobre o que escolhem e como usam suas habilidades para impressionar e cativar as pessoas.

Compartilhamos o que temos. A boca fala o que o coração está cheio. Muitos dizem: "Ninguém dá o que não tem." Eu digo: Ninguém **tira da cartola o que não colocou dentro dela.**

O motivo é simples. Se você não se prepara para entender quem você é, qual é o seu posicionamento na "hora do show", e por que você quer "tirar algo da cartola", não conseguirá ter sucesso perante a plateia.

Pense na relação que você deseja estabelecer com a plateia. Você quer encantá-la? Impressioná-la? Demonstrar poder? Ofendê-la? Vingar-se? Tudo isso está intimamente ligado à sua identidade, que pode ter sido moldada com o prumo correto ou distorcido.

Portanto, é essencial se conhecer e entender suas intenções antes de tentar impressionar ou influenciar os outros. Só assim você conseguirá atingir seus objetivos de forma autêntica e eficaz.

Quem sou eu? Sou a pessoa mais improvável de se tornar uma figura pública ou um artista. Na infância minha "cartola já estava cheia" de timidez, medo de pessoas ocidentais e dificuldades de se comunicar.

Por outro lado, "a cartola era completamente vazia" de referências e influência de pessoas do mundo artístico e da habilidade de lidar com o público. Tanto na minha família de origem quanto nos parentes, todos descendentes de japoneses, sofreram preconceitos e desprezo devido aos impactos da Segunda Guerra Mundial.

Meus avós imigraram e trabalharam na lavoura, enquanto meus pais se mudaram para a cidade grande. Suas "cartolas estavam cheias" de uma vida de trabalho árduo, constante temor da hostilidade devido às diferenças culturais e a crença de que a educação formal era o caminho seguro para o sucesso.

Tanto é que meu pai se tornou engenheiro, e minha mãe foi a primeira farmacêutica de sua região no interior de São Paulo. Eles se conheceram, casaram e tiveram filhos: eu, meu irmão mais velho, Leo, e meu irmão caçula, Evandro.

Minha "cartola" na infância não carregava grandes traumas. Eu tinha poucos amigos, meus relacionamentos se limitavam aos meus pais e alguns parentes japoneses. Morava em um bairro de classe média, com poucas crianças da minha idade, e a escola era minha primeira grande chance de conhecer mais pessoas para brincar.

No primeiro dia de aula, fui recebido com zombarias: "*Japonês, volta para o Japão. Olha o olho puxado. Este não é o seu país.*" As provocações continuaram por semanas, meses e anos, "enchendo" minha "cartola" de novas ofensas e trazendo à tona as velhas cargas de preconceito que já estavam ocultas bem no fundo.

Eu queria reagir, mas não saia nada de dentro da minha cartola que pudesse revidar. Neste momento foi instalada a mentira de que eu não pertencia ao meu país e era inferior por ser descendente de asiáticos.

Eu fugia dos esportes coletivos, porque teria que interagir com outros garotos que me faziam sentir inferior. Até hoje minha "cartola" está vazia de esportes. Minha autoestima despencou, e decidi me isolar socialmente. Comecei a fazer desenhos de tudo que estava no meu coração. Desenhar era uma habilidade que eu tirava da cartola.

UMA CARTOLA CHEIA DE TRUQUES NOVOS

Para combater a timidez, meus pais compraram uma caixa de mágicas numa loja de brinquedos. Com ela, eu poderia fazer truques simples e impressionar as pessoas, aumentando minha autoestima e gerando uma maneira prática de me enturmar com os outros.

Essa tática funcionou. Aprendi que a cartola preta de plástico vazia, que veio dentro da caixa de mágicas, não estava na realidade vazia. Tinha um compartimento secreto com vários objetos ocultos que causavam a ilusão de que "surgiam do nada". Era um truque que sempre surpreendia as pessoas, desde que eu colocasse antes, lá nos bastidores, algo bem atrativo, escondido no fundo da cartola.

Quando queria alegrar os amigos, enchia minha cartola de truques com balas e chocolates que eles amavam. Se queria surpreender os adultos, colocava lenços bonitos em abundância, como se fossem infinitos. Aos 10 anos, com essa caixa mágica, aprendi que, preparando cuidadosamente meus truques nos bastidores, podia surpreender e mudar a maneira como as pessoas agiam e como elas me enxergavam.

CARTOLA CHEIA DE COISAS VELHAS E UM CORAÇÃO FECHADO

Um dia, de tanto assistir à mesma mágica, o garoto descobriu como era o truque e zombou de mim. As mágicas estavam ficando "velhas", previsíveis. Desisti de fazê-las por medo de cometer erros ou das mágicas ficarem óbvias demais e mais pessoas desconfiarem de como funcionam os truques secretos.

Temia que, em vez delas aplaudirem, elas zombassem de mim, dizendo: "*Olha, o japonês quer impressionar, mas descobrimos o truque.*" Esse medo se instalou no meu coração, e desisti de continuar fazendo aquelas velhas mágicas que um dia me encantaram.

UM MENTOR COM UMA CARTOLA CHEIA DE BOAS NOVAS

Curiosamente, surgiu um mentor em minha vida. Um mentor que era um mágico veterano prestes a se aposentar. Ele viu em mim algo que ele mesmo nunca havia visto. Disse-me: "*Jovem, por que pretende abandonar a mágica? Eu lhe ensinarei mágicas profissionais, não mais destas mágicas de amadores que você já sabe, mas mágicas profissionais que lhe permitirão fazer grandes shows. Mágicas que não dependem de apetrechos plásticos, mas sim, da sua habilidade, que você deve adquirir e treinar sempre.*"

Minha primeira reação foi pensar: "*Eu não tenho inteligência para isso. Sou inferior. Não vou conseguir fazer essas mágicas. Devem ser muito difíceis para um garoto tímido de 10 anos. Eu não sou ninguém habilidoso. Me desculpe, mas não vou conseguir.*" Então, o mágico veterano, como um bom mestre, disse algo que jamais esquecerei: *"Garoto, não é que você não tenha inteligência suficiente, tampouco que as mágicas sejam difíceis, mas é o seu coração que está fechado para aprender e viver o novo."*

Desafiado, perguntei: *"Se eu abrir meu coração, significa que aprenderei essas mágicas que você tanto fala, mágicas profissionais?* Ele respondeu: *"Eu prometo para você."*

De fato, o mágico me mostrou uma mágica que me encantou profundamente, algo que nunca havia visto antes, uma mágica profissional simples. Quando ele revelou o segredo, tive fé que conseguiria realizar o truque em minhas próprias mãos.

A carta que estava na mão do mentor, realmente desaparecia inexplicavelmente, pelo menos para quem assistia, a carta sumia de verdade. Com isso, abri meu coração e embarquei em uma jornada nunca experimentada.

Foi uma jornada rumo ao mundo desconhecido dos segredos do encantamento, onde a mágica teatral fazia com que as pessoas aplaudissem e admirassem o grande mágico, cuja "cartola" estava cheia de uma infinidade de técnicas novas e profissionais. Esvaziei a minha cartola das mágicas velhas para enchê-la com as novas.

ENCHENDO A CARTOLA NOVA COM O NOVO: O INÍCIO DE UMA JORNADA

Assim, comecei a encher a cartola com novos conhecimentos como a arte da distração, ou *misdirection*. A *misdirection* é a habilidade de desviar a atenção da plateia para um ponto específico, enquanto o truque, o segredo que permite a mágica acontecer, está em outro lugar despercebido pela plateia.

Enchi também com a *mise-en-scène*, que consiste em treinar o próprio corpo para realizar gestos que comunicam informações sem a necessidade de palavras. Um olhar do artista direcionado para um ponto específico faz com que a plateia também olhe para lá, desviando a atenção de outro ponto menos favorável ao truque.

Com apenas 11 anos, entendi que a mágica poderia ser uma poderosa ferramenta de influência sobre as pessoas. Ao encher minha "cartola" com técnicas profissionais e surpreender as crianças e agora adultos também, até mesmo aqueles que zombavam de mim passaram a me respeitar por realizar algo que nenhuma outra criança explicava e não conseguia fazer.

Curiosamente, nove anos após intensos treinamentos na mágica, renovei totalmente o conteúdo da minha cartola. Foi um processo de esvaziar do velho e encher do novo, enquanto estudava paralelamente na educação formal, pois meus pais não abriam mão dos estudos tradicionais (meu pai, engenheiro, e minha mãe, farmacêutica), a mágica permanecia como um *hobby* que acompanhava meus estudos.

CARTOLA CHEIA DE COISAS NOVAS: ALIADOS E INIMIGOS

Durante aqueles nove anos, aprendi a mágica com dedicação. Após esse período, veio a primeira grande surpresa: fui convidado para representar o Brasil na última Olimpíada de Mágicas da História.

Os países de primeiro mundo estavam presentes nesse evento, o que tornava a oportunidade ainda mais especial. O Brasil seria o único país de terceiro mundo a participar, e eu, Issao, com 20 anos, fui o representante.

Durante a apresentação, ocorreu um imprevisto: o material pegou fogo e tudo dentro da cartola foi destruído. Eu não usava a cartola convencional, mas sim um cenário com compartimentos secretos de onde tiraria vários objetos que permitam realizar uma performance completa de 12 minutos ininterruptos de tirar o fôlego.

Para minha tristeza, as chamas carbonizaram as minhas mágicas autorais e inéditas, que eu havia criado com a criatividade aprendida com meu mestre no Brasil, o veterano mágico Dakar.

Entendi que poderia criar truques únicos, ainda mais chamativos do que os comprados em lojas especializadas.

Cada material, construído com esmero ao longo de três meses, com a ajuda do meu pai engenheiro, foi completamente queimado, reduzido a cinzas. Aquilo frustrou meu objetivo de trazer o prêmio ao Brasil. E mais do que isso, eu queria mostrar ao mundo o que havia criado.

Eu queria surpreender, "tirar da cartola" algo que realmente cativasse o público. No entanto, essa possibilidade desapareceu numa nuvem de fumaça. Estava preparando minha mente para voltar ao Brasil frustrado, quando o organizador do evento me abordou com uma pergunta inesperada:

— Você quer ter uma segunda chance de se apresentar?

— Claro! — respondi. — Mas meu material queimou todo. Estou no Japão, como vou fazer?

— Conversamos com todos os mágicos daqui. Eles se dispuseram a oferecer tudo o que você precisa para reconstruir sua apresentação ainda nesta olimpíada.

— Mas eu demorei três meses para construir cada material. Quanto tempo você me dá para reconstruir tudo isso? — perguntei, preocupado.

— Apenas três horas — disse o organizador. — Não posso transferir a apresentação para outro dia. Preciso gravar tudo hoje para que seja editado e enviado ao mundo. Você consegue?

Era uma questão de desistir ou aceitar o desafio. E eu aceitei. Durante três horas, reconstruí minha apresentação, usando fitas adesivas e improvisando com o que tinha à mão. A apresentação, embora não perfeita, foi suficiente para impressionar os jurados internacionais, que me concederam um prêmio especial, algo nunca antes conquistado por um brasileiro. O Brasil se tornou o primeiro país da América Latina a ganhar um prêmio olímpico na arte da mágica mundial.

O RETORNO

Quando voltei ao Brasil, orgulhoso, não imaginava que meus pais tinham outros planos para mim. Eles não queriam que eu fosse artista, mesmo que tivesse vencido. Queriam que eu fosse juiz de direito. Assim, entrei na faculdade dos sonhos deles, a Faculdade de Direito do Largo de São Francisco, na Universidade de São Paulo, onde se formaram 13 presidentes da República do Brasil. Comecei a encher a cartola com algo totalmente novo.

Na faculdade, aprendi muito mais do que direito. Estudei ao lado de amigos e colegas que seriam futuros juristas e ministros do Supremo Tribunal Federal. Mas lá, também aprendi que, se não fizesse o que amava ou não decidisse amar o que fazia, jamais prosperaria. Minha cartola estava se enchendo de algo que não fazia mais sentido para mim. Quando me formei, senti que eu "tirava o diploma da minha cartola" para entregar ao meu pai e honrá-lo:

— Pai, aqui está o diploma da Universidade de São Paulo.

Meu pai, entusiasmado, perguntou:

— Eu vi você se inscrevendo num concurso. É o concurso para juiz de Direito em São Paulo, é isto?

Respondi

— Para falar a verdade, pai, é um concurso de mágicos e ilusionistas em Las Vegas.

Olhando sério para mim, meu pai ficou assustado:

— Você está deixando uma brilhante carreira jurídica, de grande importância para a sociedade, da mais tradicional faculdade de Direito do país, para ser um artista mágico?

Tirei da cartola esta resposta:

— É o que está em meu coração hoje, pai. Prometo que vou fazer de tudo para esta arte ter também uma grande importância para a sociedade. Se eu falhar, volto para o Direito.

EM BUSCA DO SABER PARA SUPERAR E MATERIALIZAR

E fui, pela primeira vez na minha vida, para Las Vegas, em 1992, para "encher minha cartola" com um novo aprendizado, algo diferente de tudo que já tinha visto antes: queria aprender a realizar os grandes espetáculos, e não apenas truques com cartas. Lá, vi o maior espetáculo de ilusionismo da história, o show de Siegfried & Roy, uma dupla de ilusionistas que fazia 15 tigres brancos aparecerem.

Encantado, mas frustrado, percebi que a minha "cartola" precisaria estar cheia de alguns milhões de dólares para realizar algo semelhante ao que vi em Vegas. Mas isso era um sonho distante, impossível naquele momento. Meu pai precisava de dois empregos para sustentar a família e eu, recém-formado em Direito, tinha apenas R$ 500,00 no bolso ao voltar de Las Vegas.

Mesmo assim, com a cartola cheia de novidades da "capital mundial dos espetáculos", decidi usar os últimos R$ 500,00 para construir uma "máquina de levitação", que permitia realizar a ilusão de uma pessoa flutuar misteriosamente no ar. E foi assim, com coragem e criatividade, que comecei a transformar meus sonhos em realidade.

Não tinha lógica eu "tirar da minha cartola" um equipamento de levitação naquele momento! Não ia me fazer ganhar dinheiro para viver desta arte e nem sustentar financeiramente o meu sonho. Afinal, quem pagaria ingresso apenas para assistir uma levitação que dura 1 minuto? O custo para se apresentar uma demonstração de levitação, era muito alto.

Enquanto um mágico investia em baralhos que custavam R$ 15 e permitiam fazer várias apresentações por dia, cobrando R$ 100 de cada evento, eu precisava de uma equipe inteira para fazer uma pessoa levitar. Precisava de uma mulher muito treinada, para ficar em cima da plataforma, aparentando levitar. Mas eu não tinha dinheiro para pagar essa pessoa, nem assistentes e nem um técnico para acionar os efeitos especiais e mecanismos. Tão pouco para alugar um furgão e transportar o equipamento necessário para a levitação. Era muita coisa para colocar na "cartola"!

No fundo, eu tinha construído essa "levitação" para se tornar um "quadro de sonhos", não desistir do meu grande sonho e não precisar voltar ao Direito. Eu havia prometido ao meu pai que, se a mágica não desse certo, voltaria para a carreira tradicional e prestaria concurso para juiz. Mas eu não queria isso.

"Enchi minha cartola" com essa levitação para me lembrar constantemente que meu sonho não estava acabado, mesmo que as condições fossem impossíveis para se desenvolver um grande espetáculo com a realidade cultural e financeira do Brasil, em 1993.

Ensaiava a levitação com os recursos que tinha. Na época, não tinha recursos para pagar uma equipe e nem uma assistente! A "cartola" estava "bem vazia" neste aspecto! Mas, eu tinha uma namorada que, nos fins de semana, eu a buscava para uma sessão de cinema. Por 6 meses, ao invés disso, nossos passeios eram ensaiar a "levitação" em salões emprestados. Ela ficava deitada na plataforma, e eu praticava as posturas corporais para esconder o mecanismo, o truque, o segredo que fazia o ilusionismo acontecer: a ilusão perfeita de que a jovem estava levitando! Muito entusiasmado, tentei vender o ato da "espetacular levitação de uma mulher" para começar a ganhar dinheiro. Ninguém queria.

Ofereci um show com levitação para um empresário experiente, que já agenciava artistas de várias áreas e ele disse:

— Querido, você foi para Las Vegas e voltou entusiasmado com as mágicas grandes, não é? Mas aqui no Brasil, ninguém se importa com mágicas grandes. Ninguém nem sabe a diferença entre mágicas grandes e pequenas. Para o brasileiro, mágica é mágica, e ele quer pagar o mais barato. Um mágico que faz truques com baralho ou tira coelho da cartola ganha mais, porque custa menos. Enquanto um mágico cobra R$ 100 e sai satisfeito, você teria que cobrar pelo menos R$ 2 mil para cobrir seus custos e obter quase nenhum lucro. Você está em um país que não valoriza o que você tanto sonha.

Talvez essa fosse a grande resposta para eu desistir. Minha "cartola" até murchou depois disto. Eu queria pular no pescoço dele! Quem ele pensa que é para esvaziar a minha cartola? Porém, entendi que cada um enche a sua cartola com aquilo que deseja. A cartola daquele empresário estava vazia de entusiasmo pelo novo. Naquele momento surgiu uma nova consciência: ninguém pode esvaziar a sua cartola a não ser que você permita. Ele não é obrigado a enxergar o que eu enxergo. Não vou esvaziar minha cartola por causa disso. Vou mantê-la cheia, com o meu sonho, mesmo que o público ainda não esteja preparado ou disposto a pagar para ver o que quero mostrar.

TIREI DA CARTOLA A DIFERENÇA ENTRE MÁGICA E ILUSIONISMO, PELA PRIMEIRA VEZ NO MUNDO.

Surpreendentemente, uma semana depois, o mesmo empresário me ligou de volta:

— Issao, não mudei de opinião sobre o ilusionismo no Brasil, mas uma grande emissora me ligou pedindo vários mágicos para uma matéria. Você pode ser um desses mágicos. Veja se interessa. Aqui está o telefone da produção, ligue para a repórter diretamente e veja se vale a pena.

Eu não queria que nenhuma mídia desvalorizasse o meu trabalho, mas podia ser uma oportunidade ótima para eu tirar o meu sonho impossível da cartola.

Liguei para a produção e falei direto com a repórter. A repórter era ninguém menos que Glória Maria, repórter do quadro do Fantástico, da Rede Globo, o programa de maior audiência das noites de domingo no Brasil.

Porém, quando falei com a Glória Maria e ela me contou o teor da matéria que iria ao ar, tive uma decepção muito grande.

Ela disse:

— Rapaz, faz o que você quiser, mas coisas simples, está bem? Não importa o que você faça, porque a matéria é sobre mágicos que fazem coisas simples mesmo. O teor da matéria é mostrar a dificuldade que o Brasil enfrenta na sua pior crise econômica. "Para sobreviver neste país, tem que ser mágico". Vamos mostrar vários mágicos fazendo várias mágicas simples, tirando coelhos da cartola, fazendo cartas sumirem e pronto. Encerramos a matéria assim, mostrando que, embora o Brasil esteja em crise, há pessoas que estão felizes fazendo o que amam.

Essa resposta foi um balde de água fria. Minha grande oportunidade de mostrar um trabalho diferente de todos na televisão, estava reduzida a mais uma apresentação de truques de mágicas simples, que não refletiam o glamour e posicionamento que eu imaginava para valorizar o ilusionismo. Naquele momento, muito decepcionado pensei: *"Vou desistir dessa matéria. Não quero passar vergonha em cadeia nacional"*. Por outro lado, também enxerguei que era uma grande oportunidade de estar numa emissora com o programa de maior audiência. Então, "tirei da cartola" uma pergunta desafiadora:

— Glória Maria, eu não sou mágico. Posso participar desse programa, mesmo não sendo mágico?

Glória ficou assustada.

— Como assim? Então, o que você é?

Tirei da cartola uma resposta que me tornaria diferente de todos:

— Sou ilusionista.

Glória perguntou:

— Qual a diferença entre mágica e ilusionismo?

Parecia que "a cartola estava vazia", mas surpreendentemente eu "fazia surgir" mais respostas:

— A diferença é que o mágico tira coelhos da cartola e lenços de tubos vazios, mas o ilusionista, faz coisas mais fantásticas. Ele faz as pessoas levitarem. — Afinal, a "levitação" era a única coisa que eu tinha naquela época para oferecer! E fui além, tirando mais uma surpresa da cartola para a Glória Maria: — Glória, em vez da assistente, EU POSSO LEVITAR VOCÊ! Será a primeira repórter do mundo a ser levitada durante uma matéria jornalística. O que você acha?

Glória, que gostava de aparecer de formas diferentes em suas matérias, aceitou na hora.

— Mas eu não sei fazer esse truque — ela disse.

— Não se preocupe, minha equipe vai te ensinar — respondi no automático, pois nem equipe eu tinha naquele momento.

Glória ficou entusiasmada:

— Você leva tudo?

— Sim, levo tudo daqui para a apresentação — garanti.

— Ótimo! Daqui a dois dias, vamos gravar na Avenida Paulista, no terraço do Edifício do Conjunto Nacional. Vai ser um sucesso. Você vai me levitar e vamos encerrar a matéria com essa levitação. Vou mostrar os mágicos tirando coelhos da cartola e lenços de tubos vazios, para encerrar a matéria em grande estilo, com você me levitando. Vou dizer que você é o representante do ilusionismo do Brasil e que vai encantar a todos, porque essa é a parte mais difícil e a mais sofisticada da mágica.

Assim, de uma "cartola aparentemente vazia", foi tirada a diferença entre a mágica e o ilusionismo, pela primeira vez na história. Os anseios da Glória Maria para aquela matéria, que seria gravada na quinta feira, estavam alinhados aos meus. No entanto, ao desligar o telefone, cai na real. Já era terça feira. Eu não tinha efeitos especiais, nem as duas assistentes de cena e nem a equipe técnica. Não tinha caminhão para levar o material até a Avenida Paulista, porque a geringonça do mecanismo da levitação, não cabia em um carro comum. Entrei em desespero e comecei a pensar: *"Eu prometi isso? O sonho começou a acontecer, mas se eu não der o próximo passo, esse sonho vai morrer. Será que vou ter que cancelar a gravação?* "Minha "cartola" parece vazia."

Mas se eu não desistir, tenho tempo para encher a cartola com aquilo que está faltando hoje. Em vez de reclamar, eu tinha que dar o primeiro passo para meu sonho se realizar. E a primeira ideia que tive foi: Eu não tenho equipe, mas tenho uma vizinha que gosta de aparecer. Fui correndo para a casa dela, toquei a campainha, e ela, toda arrogante, perguntou:

— O que você quer?

Ela era uma modelo muito bonita. Eu disse:

— Você quer aparecer no Fantástico?

Qual pessoa que quer ser modelo e famosa que não quer aparecer para todo o Brasil?

Ela perguntou:

— O que eu preciso fazer?

Respondi:

— Você precisa ensaiar até cansar, um novo ato de ilusionismo que estou lançando. E você precisa trazer seu próprio figurino, porque o assistente que se preze, tem que ter seu próprio figurino. E, por último, não haverá cachê, porque estamos falando de uma matéria jornalística de um programa de uma grande emissora. Seu pagamento será aparecer em grande estilo na televisão brasileira.

Surpreendentemente, ela aceitou. Eu estava feliz, mas precisava correr atrás da segunda assistente agora. Estava saindo, quando a própria vizinha gritou:

— Issao, posso convidar uma amiga para vir comigo? Ela aceita as mesmas condições, com certeza.

Eu, me fazendo de difícil, disse:

— Ok, está bem. Vou cancelar com a outra, e você pode levar sua amiga desta vez.

Assim, já tinha duas assistentes. Ensaiamos até quinta-feira. Resolvi o problema do transporte pedindo um carro maior emprestado, onde a "máquina de levitar" cabia no porta-malas aberto. Levei o material até a Avenida Paulista. No terraço do edifício do Conjunto Nacional, subi as escadas com a geringonça nas costas, já que não havia elevador neste piso. Levei uma máquina de fumaça velha, para criar uma atmosfera mágica e, pessoalmente, ensaiei com Glória Maria.

Por incrível que pareça, quando a matéria foi ao ar, foi algo impressionante. Tudo o que Glória Maria e eu planejamos, aconteceu. Os mágicos tradicionais apresentaram seus números convencionais, e no final, Glória disse:

— Agora, vocês vão ver a parte mais difícil e a mais sofisticada da mágica, chamada ilusionismo.

Pela primeira vez, em 1993, a diferença entre mágica e ilusionismo foi tirada da cartola em cadeia nacional. Somente dez anos mais tarde, os Estados Unidos também começaram a usar esses dois termos para diferenciar uma da outra. A cena de Glória Maria levitando ficou tão famosa que sempre era mostrada nas comemorações de seu aniversário, em homenagens a ela.

UMA CARTOLA COM UMA GRANDE OPORTUNIDADE

Uma levitação de uma repórter foi o que possibilitou a esperança da realização do meu sonho. Ficar exposto na TV, do jeito certo, chamou a atenção de uma empresa multinacional que queria lançar um produto no mercado. Perguntaram se eu já tinha feito lançamentos de produtos. Respondi:

— Claro, posso colocar o produto no fundo da cartola e surpreender a plateia ao tirá-lo.

Quase caí da cadeira quando a empresa disse que o produto era um um novo modelo de caminhão, que pesava sete toneladas e tinha quatro metros e meio de altura. Fiquei surpreso, pois ninguém no mundo tinha feito algo assim. Não tinha nada na minha cartola que fosse semelhante a isto. Pedi então um prazo para criar:

— Ok, posso fazer isso. Você me dá 15 dias para criar o projeto?

Responderam:

— Ok, tem 15 dias para apresentar uma proposta.

Em 1993, não existia internet ainda. Tive que consultar um a um dos mágicos e ilusionistas do Exterior para ver se alguém já tinha feito um caminhão aparecer do nada. Descobri que ninguém no mundo tinha feito isto. Não existia esta "mágica". Criei um plano "do zero" para fazer o caminhão se materializar e mandei o projeto. A diferença nesse projeto, era o valor justo que calculei. Anteriormente, quando tentei vender um grande projeto, cobrei tão barato, com medo de não fechar o negócio, que acabei não cobrindo nem as despesas, um dos motivos pelos quais, foi um fracasso. Mas dessa vez, calculei um valor elevado, mas coerente com o porte do evento, sem esperar qualquer resposta positiva.

Quinze dias depois, veio a resposta: Aprovado! Eles aceitaram o projeto e o pagamento. Quando recebi a resposta, fiquei feliz e ao mesmo tempo preocupado, pois agora tinha um prazo para materializar aquilo que tinha sonhado. Tinha que preparar tudo nos bastidores e "encher a cartola". Morava ainda com meus pais.

Lembro-me de quando o contrato chegou assinado, deixei-o na mesa. Meu pai, em silêncio, começou a ler página por página. Eu disse, tentando animá-lo e não deixá-lo preocupado:

— Pai, esse é o meu primeiro contrato como ilusionista de verdade, com uma grande corporação.

Fui contratado para fazer um caminhão aparecer diante de uma plateia ao vivo aqui em São Paulo. Ninguém nunca fez isso. Meu pai, descendente de japoneses imigrantes e muito quieto, olhou para a página da multa contratual, e disse:

— Issao, você viu a página da multa contratual? É uma multa milionária, caso o efeito ilusionista não aconteça como prometido.

Tentando amenizar, respondi:

— Mas, pai, essa multa só será aplicada se o projeto não der certo.

Meu pai ficou em silêncio por um momento e depois disse:

— Espero que você saiba o que está fazendo, porque, pela multa, se algo der errado, eu não conseguirei te ajudar. Mesmo que eu venda nossa casa, nossos carros e meu salário, não cobriria o valor dessa multa.

Tentei tranquilizá-lo:

— Pai, não se preocupe, vai dar tudo certo.

Naquela noite, não consegui dormir. Fiquei olhando para o teto, imaginando o que precisava fazer para surpreender o público e fazer o caminhão aparecer na hora certa. A "cartola tinha que ser cuidadosamente enchida" nos bastidores e na frente do público, eu teria que "tirar com maestria" o caminhão de 7 toneladas. Precisava criar do zero, uma estrutura de produção nunca antes montada no Brasil para o espetáculo acontecer.

Muitas coisas aconteceram nesse processo pioneiro. Situações que acontecem quando se realiza algo nunca feito antes na história. Enfrentei dificuldades com fornecedores, prazos curtíssimos, espaços que não ofereciam as condições técnicas necessárias, e a ausência de profissionais de ilusionismo, já que não existiam nenhum formado naquela época. Tive que capacitar a equipe, um a um, para participar do espetáculo. Eram cerca de 100 profissionais envolvidos neste projeto.

Nesse momento, coloquei na minha "cartola" toda a habilidade imatura que tinha como líder, gestor, artista, criador, projetista, diretor de ensaios, diretor técnico e diretor artístico. No dia da apresentação, a expectativa era alta.

Os apresentadores daquele evento eram os mesmos do maior programa de audiência da televisão brasileira. O diretor do evento, era diretor da maior emissora de TV daquele momento. A equipe de luz, som e técnica era a melhor de suas áreas.

Eu sabia que precisava fazer tudo perfeito. Quando chegou o momento da apresentação, minha equipe estava pronta. As dificuldades que enfrentamos nos fortaleceram, e eu, estava determinado a fazer o impossível acontecer.

Mas nenhum deles conhecia ilusionismo. E eu, Issao, tive que "tirar da cartola" tudo aquilo que conhecia, para que estes profissionais entendessem o que iria acontecer, somassem seus talentos e habilidades para o espetáculo acontecer de forma perfeita e o caminhão surgir de forma espetacular.

No dia da apresentação, centenas de jornalistas convidados estavam lá, sentados ao vivo diante do espetáculo. A "cartola estava cheia e pronta". Foram 40 dias preparando o conteúdo da "cartola" nos bastidores. Agora, era a hora de "tirar da cartola" o que o público esperava. No palco vazio e bem iluminado, nenhum sinal do caminhão. Surpreendentemente, "num passe de mágica", o caminhão se materializou diante de uma plateia de convidados especiais, formadores de opinião, incluindo diretores da empresa, que foram convidados para assistirem pessoalmente a essa apresentação especial. A plateia ficou encantada com o que saiu da "cartola". Sucesso total!

O espetáculo foi um sucesso. Pela primeira vez na história do Brasil, foi realizada uma apresentação de ilusionismo autêntico, nunca antes registrada na história. Em 1993, começou o ilusionismo no Brasil.

UMA CARTOLA CHEIA DE PROJETOS INÉDITOS

A partir desse momento, tive que "tirar da cartola" uma outra habilidade: transformar uma arte criada para o entretenimento em uma arte criada para lançamentos de produtos. Vi nisso uma maneira de sustentar meu sonho de atuar com grandes feitos e espetáculos de ilusionismo.

Como criar grandes espetáculos, exigia muitos recursos financeiros que não seriam cobertos apenas pela bilheteria, enxerguei nas grandes corporações uma oportunidade de um novo negócio. Entregava a elas o que queriam: projetos inéditos de lançamentos de produtos, e, ao mesmo tempo, realizava meu sonho de criar grandes espetáculos ilusionistas, usando as técnicas mais avançadas do mundo para surpreender a plateia.

As plateias destes eventos corporativos não eram fáceis. Eram compostas por diretores exigentes, presidentes de grandes empresas e equipes de organizações internacionais. Viajaram pelo mundo todo! Segundo a Forbes, algumas das marcas mais valiosas do mundo foram minhas contratantes em pelo menos um projeto. Durante 20 anos, criei o movimento do ilusionismo no país. Obras inéditas foram realizadas com sucesso, uma após a outra. Nunca parei, nunca houve intervalo.

A PODEROSA CARTOLA DO MAIOR ILUSIONISTA DA HISTÓRIA DO BRASIL

Durante 2 décadas seguidas, os projetos aconteceram. Pude circular livremente em todas as emissoras de televisão do Brasil, pois não tinha contrato fixo com nenhuma delas. Em cada uma, deixei minha marca, levando o ilusionismo para a cultura brasileira.

O carnaval, pela primeira vez na história do Brasil, apresentou um ato de ilusionismo, comentado por todas as mídias televisivas e escritas em 2003. O ilusionismo no carnaval, mudou para sempre a estética do evento, e, nos anos seguintes, outras escolas começaram a usar técnicas ilusionistas.

Fui o primeiro artista a levar ilusionismo ao carnaval, ao futebol, à festa de Parintins, aos teatros e musicais produzidos no Brasil, e ao cinema brasileiro, como no filme "Xuxa Gêmeas". Apresentei-me para dois presidentes da República, que aplaudiram de pé minha apresentação.

Depois de 20 anos, fui convidado para ser o embaixador oficial brasileiro, do filme norte-americano, "Truque de Mestre", um grande sucesso que arrecadou mais de 700 milhões de dólares nas bilheterias do mundo. Depois de ser reconhecido como o maior ilusionista do Brasil, de todos os tempos, pelo conjunto de obras inéditas realizadas por duas décadas seguidas, não encontrei a felicidade.

UMA CARTOLA VELHA NÃO ESCONDE COISAS NOVAS

O que deveria ser um grande momento de comemoração e alegria, um símbolo de sucesso completo, revelou um "grande vazio na minha cartola". Um vazio que não poderia ser preenchido por nenhuma nova conquista. Já tinha feito os maiores projetos: caminhões apareceram, aviões surgiram do nada, helicópteros e pessoas se materializaram. Eu já tinha feito surgir de tudo, mas não entendia por que não conseguia tirar a felicidade de dentro da "cartola".

Mesmo sendo o ilusionista mais popular da história do Brasil e um empreendedor em uma área que ninguém teve a coragem de explorar, percebi que havia uma mentira no meu coração que me impedia de encontrar a felicidade.

Durante todo o processo de conquistas e sucesso, creio que me tornei a pior versão de mim mesmo. Era um líder eficiente para garantir que tudo acontecesse, mas um mau líder no tratamento com a equipe. Eu me tornei uma máquina de fazer as coisas acontecerem.

O mercado brasileiro me admirava, mas internamente, eu era uma pessoa solitária. Não tinha tempo para amigos ou família, não sonhava em ter mais filhos. Tudo estava centralizado em mim. A soberba, o orgulho, a vaidade e a ganância dominavam. Eu, conhecido no Brasil como artista e empreendedor de sucesso, tinha uma mentira no coração.

Tinha construído minha carreira para provar algo ao próprio país, para as pessoas que zombaram de mim na infância ou para os brasileiros que me olhavam com diferença preconceituosa. Queria provar que era sim um brasileiro, que amava este país. Por isso, inseri inconscientemente o ilusionismo em todas as atividades que representassem a cultura brasileira: carnaval, futebol e apresentações para figuras de autoridade máxima.

Após ser aceito como artista de sucesso nacional, percebi que não precisava provar mais nada. Já tinha provado meu valor e que eu pertencia ao Brasil.

O que não enxerguei? Minha carreira foi construída em cima de mágoa e não de amor. Quando realizei meu sonho e obtive aprovação das pessoas, a carreira perdeu o sentido. Perdeu-se o sentido de continuar. Já tinha alcançado o que queria: a aprovação da sociedade em que estava inserido, a sociedade brasileira. Por isso, um vazio gigante surgiu, e nada mais poderia preenchê-lo. Nenhuma conquista. Minha "cartola" estava completamente vazia. E, naquele momento de incerteza, percebi que nada mais saía dela.

Resolvi abandonar o mundo do espetáculo e tomei a decisão de buscar quem eu era de fato. Quem era Issao Imamura? Como identificar a mentira no meu coração e construir uma nova vida sem essa mentira? Mesmo tendo provado aos outros que eu amava o país, ainda tinha uma raiz de mentira no coração ao qual dizia que, no fundo, eu era inferior. No fundo, eu não era e nunca seria igual aos demais. E que, se não fizesse algo que as pessoas admirassem, continuaria sendo alguém sem valor para este país.

Foram 10 anos de reflexões, erros e acertos, onde tive a oportunidade de viver várias experiências diferentes no mundo real. Reconhecer erros. Pedir perdão. Conhecer e ter mais relacionamento com Deus. Foram 10 anos enchendo novamente a "cartola vazia" com o novo, mas agora, com verdades duras e não mentiras agradáveis. Esvaziei a cartola das mentiras, dos enganos, distrações e ilusões escondidas bem lá no fundo. Comecei a colocar valores e princípios que realmente faziam a diferença para a humanidade. Em um desses momentos, percebi que havia deixado de "encher a cartola" com muitos valores importantes. Um deles foi a compaixão.

APRENDEMOS MAIS NUM VELÓRIO DO QUE NUMA CASA DE BANQUETES

Quando fui convidado para visitar o novo consultório de um amigo de infância, fiquei encantado com o lugar, ainda em construção, mas muito bonito esteticamente. Vi a importância de viver a alegria do amigo, mesmo quando eu não sabia para onde eu iria ou o que faria no futuro próximo. Sabia apenas que não queria continuar do mesmo jeito, fazendo o que fiz por 20 anos.

Depois de ver esse amigo com a carreira em ascensão, abracei seus pais ao ir embora, especialmente seu pai, também descendente de japoneses, cuja aparência me lembrou o meu próprio pai. Já não via o meu pai há quase 10 anos. Não porque ele tivesse falecido, mas porque me isolei para construir minha carreira, obcecado por ela.

Tinha orgulho de dizer que não tinha tempo para as pessoas, e nem para formar uma família, porque acreditava na mentira de que tempo era dinheiro. Não tinha tempo para as pessoas que amava, porque elas não me dariam dinheiro. Só tinha tempo para clientes e para o mercado. Se tivesse filhos, eles não me dariam dinheiro, então não faziam parte dos meus planos.

Nesse dia, visitando o meu amigo, percebi que sentia saudades do meu pai. Na manhã seguinte, recebi um telefonema. Era a secretária do consultório que visitei na noite anterior. Ela me disse que o pai do meu amigo tinha subido na laje naquela manhã, perdido o equilíbrio e caído de uma altura de seis metros. Ele havia falecido.

Pela primeira vez, senti compaixão, algo que estava congelado e esvaziado da minha "cartola" por 20 anos da minha vida. No velório, aprendi o que as Sagradas Escrituras ensinam: "Aprendemos mais em um velório do que em uma casa de banquetes". Vi a viúva chorando sobre o corpo do marido morto. Quando ela me viu, pegou minhas mãos, chorando, e disse:

— Issao, você faz coisas impossíveis acontecerem, coisas que não imaginamos ser possíveis. Eu quero pedir para você fazer uma mágica e trazer meu marido de volta à vida.

Ela começou a chorar ainda mais. Naquele momento, senti uma emoção muito forte. Enquanto eu estava preocupado com minha carreira profissional, correndo atrás de dinheiro, fama e reconhecimento, essa senhora viúva, via em mim a única esperança de ver seu marido vivo novamente. Ela tinha uma expectativa que eu jamais poderia atender. Desejei tirar da "cartola" naquele instante, o poder de trazer vida onde havia morte. Mas, no fundo, era apenas um mágico. No máximo um ilusionista. Então, só pude abraçá-la e chorar com ela.

QUAL O VALOR DE UMA VIDA?

Alguns meses depois, ainda pensativo, fui convidado para uma missão no Sertão Nordestino, onde pessoas passavam fome, sem apoio governamental, sem água, comida, doentes, jovens com alto índice de suicídio, sem esperança, esquecidas.

Os missionários me convidaram para fazer uma grande apresentação na praça pública, com o tema de esperança e fé. Queriam que meu espetáculo pudesse tocar o coração daquelas pessoas para não desistirem da vida. Disse ao missionário que desmontei toda a minha estrutura, não tinha mais nada. Apenas os equipamentos guardados, mas minha equipe não trabalhava mais comigo. Ele insistiu:

— Issao, leve o espetáculo completo. Arrumo os voluntários para você treinar e apresentar.

Aceitei o desafio. Fui para lá com minha família. Nesta busca de um legado mais valoroso, já tinha uma esposa e meu primeiro filho havia nascido. Minha cartola estava sendo cheia de valores e princípios diferentes. No sertão do Nordeste, apresentei o espetáculo na praça pública.

No último dia, antes de voltar para São Paulo, foi a última apresentação. Talvez fosse a última da minha vida. Ainda decidindo o que fazer na vida, enquanto dava autógrafos e tirava fotos com milhares de pessoas, vi uma jovem chorando muito.

A praça toda parou para entender por que aquela jovem chorava enquanto todos davam risada, em um momento festivo depois do show. Mas, a jovem não parava de chorar e foi trazida por voluntários, que faziam parte da minha equipe. Os voluntários subiram no palco e disseram no meu ouvido:

— Issao, essa mulher revelou para nós que ia se matar esta noite. Ela ficou a semana inteira decidindo, e hoje foi o dia escolhido. Estava em um bar, indo para casa cometer suicídio, quando passou pela praça pública e viu a multidão assistindo ao espetáculo. Ela não fazia ideia do que era, então parou para assistir. Curiosamente, ela ficou até o fim do seu espetáculo. Algo aconteceu na mente dela, e ela disse para nós que precisava compartilhar isso com você, por isso a trouxemos aqui. Ela está chorando muito, mas insistiu em falar com você pessoalmente.

Então ela chegou perto de mim, no palco, ainda chorando, e disse:

— Obrigada, Issao, porque hoje eu ia fazer uma bobagem, ia tirar minha vida, mas o teu espetáculo, as tuas palavras, entraram no meu coração e eu entendi que tudo na vida se transforma, tudo na vida muda, nada permanece do mesmo jeito. Eu passei, desde a minha infância até hoje, nessa fase adulta, só sofrendo abusos. Mas, agora eu tenho a certeza de que momentos bons virão, os momentos ruins já se passaram e eu não vou tirar minha vida no melhor momento que eu posso vivê-la. Essa certeza, que eu não tinha antes, foi colocada por você no meu coração. Eu quero agradecer pessoalmente pelo que você fez para mim aqui nessa noite.

Ela me abraçou e choramos por pelo menos 10 minutos. A fila toda parou, ninguém entendia o que acontecia, mas, aquele momento foi mais precioso do que qualquer espetáculo que eu apresentei na minha vida. Saiu da cartola uma resposta que eu nunca tinha obtido. Eu perguntava para Deus:

— Deus, por que o senhor permitiu que eu fizesse ilusionismo durante 20 anos da minha vida? Se, quando eu chegasse no auge do sucesso, eu não encontraria mais sentido para continuar e tão pouco felicidade? Por que eu passei 20 anos sofrendo, sendo o primeiro, desbravando, formando os primeiros profissionais da área, levando ilusionismo para onde nunca ninguém levou, passando todas as dificuldades, crises e sucessos, mas mesmo assim, o sucesso não preencheu meu coração?

Eu sempre me perguntava e nunca tinha uma resposta para isso. Mas, naquele dia, ao abraçar aquela mulher que me agradeceu por dar a ela uma visão diferente da vida, a resposta veio no meu coração: Eu não perdi 20 anos da minha vida, mas fui treinado por duas décadas para fazer a maior de todas as "mágicas": levar vida onde havia morte, levar esperança e fé para quem já havia desistido.

MISSÃO: TRANSFORMAR GERANDO UMA NOVA CONSCIÊNCIA

Neste momento, entendi que minha "cartola estava cheia", mas "cheia" de valores diferentes daqueles que vivi durante 20 anos. Agora, minha missão era "tirar da cartola" tudo aquilo que agregava valor para as pessoas e que pudesse compartilhar esperança, conhecimento e sabedoria com quem encontro em todo Brasil. Para que as mentiras instaladas no coração dos brasileiros, fossem transformadas em verdades que edificam.

Durante tantos anos da minha vida, coloquei também a mentira no meu coração, de que o Brasil era inferior aos demais países. E quando eu estava diante de mágicos internacionais, eu me sentia inferior também.

Era muito engraçada essa sensação de inferioridade que foi instalada dentro da minha cartola, porque era uma inferioridade dentro e fora do país. Fora do país, porque eu era de um país de terceiro mundo, diante de pessoas de origem de países de primeiro mundo. Aqui no Brasil, eu era inferior porque tinha rosto com características asiáticas e porque os outros eram superiores, por serem ocidentais e por fazerem parte de uma cultura da qual eu não fazia.

Mas, naquele momento, tudo isso foi eliminado. E o que eu queria tirar da cartola era tudo aquilo que podia esmagar essas sementes no coração de mais e mais brasileiros, para que eles se tornassem pessoas de sucesso, mas de sucesso verdadeiro, não baseado apenas em recursos financeiros, fama ou reconhecimento passageiro, mas sucesso como ser humano.

Aquilo que aprendi com John Maxwell, conselheiro de reis e governantes do mundo inteiro: Se eu focar nos meus objetivos e não me preocupar com meu crescimento pessoal ou espiritual, nem com valores e princípios, minha cartola vai ter apenas as habilidades para conquistar os objetivos. Eu posso até atingir os objetivos, mas isso não significa que automaticamente vou estar com a cartola cheia de valores e princípios. Atingir os objetivos, não significa que automaticamente vou crescer como ser humano. Mas se eu mudar a mentalidade e focar no meu crescimento pessoal, se eu focar em viver os valores e princípios que acredito, certamente atingirei meus objetivos.

Então, entendi a importância de encher minha cartola com aquilo que faz diferença na vida de outras pessoas também. Durante duas décadas, me tornei o maior mestre do Brasil, e um dos maiores do mundo, em desviar a atenção da plateia para um ponto que não era importante. Eu me tornei mestre em criar distrações, enganos, ilusões, para que as pessoas olhassem para uma direção que não tinha nada de importante.

Mas isso porque, eu queria tirar o foco delas da direção oposta, onde realmente estava o segredo para que a mágica acontecesse, onde estava o truque, onde estava o caminho que mostrava como a mágica acontecia. Eu não queria que ninguém enxergasse isso. Eu me tornei um verdadeiro mestre em desviar a atenção.

Hoje enxergo, após entender meu propósito, que minha missão é criar experiências, palestras inspiracionais, espetáculos que toquem o fundo do coração, mentorias, cursos, treinamentos e imersões que não ensinam futilidades e não focam no ensino de como ganhar mais dinheiro e nem ensinar alguma técnica de persuasão, mas para mostrar às pessoas o que realmente importa na vida delas. Mostrar a direção onde realmente se encontra o truque, a técnica, o caminho que as leva para a realização das maiores "mágicas" da vida delas.

O foco onde está o grande segredo, para uma vida além do sucesso. Eu chamo a atenção para esse lado que importa e exponho para elas a outra direção que não tem nada de importante, pois são meras ilusões, distrações, enganos que não as levam a lugar nenhum, mas que vem ocupando cada vez mais o tempo das pessoas. Ilusões que podem encher a cartola delas e ocupar o espaço dos valores importantes que, de fato, farão diferença na vida delas, na vida das pessoas que elas amam e para a humanidade.

Enfim, entendi que quero que as pessoas aqui no Brasil, aprendam como encher suas cartolas para deixar um legado que influencie e abençoe gerações neste país. Para que possam, a cada dia, identificar ilusões, distrações e enganos que não as levarão a lugar nenhum e focar nos segredos, nas técnicas, nos caminhos, nos truques que permitirão fazer verdadeiras "mágicas".

Eu faço e fiz mágicas teatrais para que pessoas se inspirem e realizem "mágicas" reais. Será que há uma mágica que permita uma pessoa se aproximar de outra pessoa que se afastou dela? Talvez, usando uma "palavra mágica" chamada *perdão*. Existe alguma "mágica" para as pessoas receberem o amor dos outros? Sim, e o truque é semear mais amor na vida dos outros, porque aquilo que se semeia certamente se colhe.

- Se, hoje fosse seu último dia na Terra, quais sonhos seriam enterrados contigo?

- (A) Sonhos relacionados à carreira que nunca realizei.

- (B) Metas pessoais que sempre adiei.

- (C) Projetos criativos que nunca saíram do papel.

- (D) Não consigo identificar nenhum sonho que seria enterrado comigo.

- (E) Outros...

- O que está te impedindo de realizar seus sonhos?

- (A) Falta de tempo.

- (B) Medo do fracasso.

- (C) Falta de recursos financeiros.

- (D) Não tenho certeza do que quero.

- (E) Algum outro motivo…

A JORNADA DE UMA PROMESSA:

TRANSFORMANDO SONHOS EM REALIDADE

A promessa é uma jornada que você inicia rumo ao seu sonho materializado. Apenas sonhar, imaginar e desejar, não passa de uma grande ilusão se não forem concretizados no mundo físico. E para isso, há segredos, assim como em toda mágica que o mágico realiza. Há truques, há uma técnica, há um "gimmick" que permitem que a mágica aconteça.

A promessa é que você pode iniciar essa jornada agora, e nossa missão é motivá-lo a começar imediatamente. Não daqui a 10 anos, nem quando estiver no fim da vida, mas enquanto ainda possui consciência e tempo para agir, mesmo que a realização do seu sonho ainda pareça distante.

Quero despertar em você a fé. A fé é a certeza das coisas que ainda não se vê. Minha missão é fazer com que você enxergue e possa viver pela fé. Ou seja, viver como se as coisas que você sonha, já existissem mesmo antes delas existirem.

Mas, qual é o problema? Talvez o problema seja que você não tem certeza se consegue. Você pode ter medo de fracassar. Pode ser que você não consiga resolver nem a sua própria vida. Como vai conseguir coisas maiores do que aquilo que está vivendo hoje? Pode ser que você não tenha nem lugar para morar direito. Como pode sonhar com algo que parece tão inatingível?

Você pensa: "*Não, eu não vou conseguir fazer essa mágica acontecer. Vai chegar a hora, em que eu não vou conseguir encantar mais a plateia. Não vou conseguir chamar a atenção das pessoas, porque eu não terei nada mais para fazer à elas. Eu não tenho nada para surpreendê-la. Eu não sou ninguém. E tudo não depende só de mim. E se Deus não quiser que eu faça esta grande "mágica"?*

A causa é que você não enxerga a ilusão que está vivendo. Tudo isso que você já pensou sobre a falta de certeza e medo de fracassar, são ilusões, enganos e distrações que tiram você do foco. A grande causa é que a sua cartola está vazia do que realmente importa. Nenhum mágico do mundo consegue tirar algo de uma cartola que está vazia.

O que isso significa? A cartola está com o compartimento oculto, mas o fundo falso está vazio, pois ninguém colocou algo significativo dentro dela. Por isso, na hora do espetáculo, você realmente teme passar um fiasco, porque vai enfiar a mão na cartola e perceber que não tem nada escondido dentro dela.

Mas, por que a cartola está vazia? Porque você não a encheu nos bastidores após as apresentações. Ficou tão iludido com os resultados, que comemorou demais e encheu de menos. Simples assim. O truque é encher a cartola nos bastidores e, na hora certa, tirar na frente do público, aquilo que colocou secretamente. E o público vai reagir, aplaudindo, encantado, sorrindo e dizendo que você é um grande mágico, um herói que encanta outras pessoas.

Mas, o motivo é que, muitas vezes, o "mágico" tem mentiras no coração. Mentiras que foram plantadas secretamente na infância, quando você era uma esponjinha que absorvia tudo, mesmo que ninguém ensinasse, tudo que você via no ambiente em que vivia, era absorvido. E isso foi formando seu caráter e deformando sua identidade. Quando você é criança, nasce com coração aberto, para aquilo que vai ser colocado pelas pessoas que convivem com você.

Quando você retira algo da sua cartola, o que emerge são mentiras, raiva e indignação. É por isso que muitas crianças reagem de maneira alarmante em determinadas situações: o que elas tiram da cartola é exatamente o que foi colocado lá. Elas não têm outra escolha senão revelar o que foi inserido. Esse, é o grande motivo pelo qual sua cartola pode estar vazia ou repleta de coisas que você não desejava revelar.

O problema de uma cartola com muitas coisas indesejáveis é que, aquilo que vai sair dela, não vai encantar a plateia, não vai realizar o seu sonho e não vai trazer a felicidade.

Assim, a promessa de transformar o mundo, de concretizar seus sonhos, de influenciar gerações futuras, de transformar sua vida e deixar um legado para que as próximas gerações possam também usufruir do seu sonho, vai ser uma ilusão. Nada disto sairá de uma cartola vazia de valores e princípios. Será uma promessa que nunca se materializará.

- O que você colocou na sua cartola, por causa do que os outros disseram de/para você?

- (A) Dúvidas sobre minhas capacidades.

- (B) Medo de ser julgado.

- (C) Expectativas irreais.

- (D) Nada, sou fiel aos meus próprios princípios.

- (E) Sinto que há algo estranho, mas não sei exatamente o que é…

- Com o que você gostaria de encher sua cartola?

- (A) Autoconfiança.

- (B) Criatividade.

- (C) Determinação.

- (D) Empatia.

- (E) Outros…

LIÇÃO 1

ENCHENDO E TIRANDO DA CARTOLA O QUE É PRECISO MONITORAR SEMPRE

Querido leitor, este capítulo trata das formas de você monitorar sua posição atual. Para definir seu destino, é crucial entender onde você está agora e, em seguida, determinar para onde deseja ir.

Antes de encontrar um caminho que me levasse para o que eu buscava na vida, fracassei feio. Este fracasso me inspirou a criar o "Manual do Fracasso". Coloquei neste manual tudo aquilo que me fez fracassar.

Qualquer um que seguisse este manual, fracassaria como eu. Porém, foi a partir deste manual que criei o Manual do Sucesso, invertendo e tirando tudo o que não funcionou. Graças a este Manual, consegui materializar um projeto nunca realizado no mundo, numa época da história que não existia internet no Brasil.

Primeiro ponto a analisar: o **posicionamento**. Quem você é, qual é a sua posição, qual é o seu papel, com quem você se identifica? Posicionamento é muito importante, tanto para você quanto para a sua influência perante a sociedade.

Quem você é? Um grande líder ou uma pessoa subordinada? Empreendedor, empregado, empresário, investidor, pai, filho? O posicionamento pode ser único, mas extremamente complexo, envolvendo várias facetas. Para cada situação, você precisa ter um posicionamento firme em seus valores e princípios, porém, rico em possibilidades.

O segundo ponto é o **tempo**. Quanto tempo você tem para fazer as coisas? Talvez você possa demorar mais, mas talvez esteja em uma situação de urgência. Isso precisa ser analisado.

Temos também o terceiro ponto: a **distância**. Qual a distância você deve manter de uma pessoa, situação, problema ou solução para que as coisas aconteçam no tempo certo e reforcem o seu posicionamento escolhido?

E finalmente, o quarto ponto é a **energia**. Qual energia você está disposto a usar para que algo aconteça? Você tem muita energia, pouca energia, muitos recursos? Energia inclui recursos pessoais, como tempo, atenção e diligência. Qual a energia que você está colocando para que aquilo que você quer, aconteça?

Se não tiver entusiasmo, como vai tirar algo da sua cartola que faça diferença para o público? Outra coisa: qual energia você usou para colocar algo importante dentro da cartola? Se colocar um elefantinho de pelúcia cor-de-rosa, é o que você vai tirar de dentro dela e isso pode não gerar valor. Mas, se você tirar um coração gigante que parece não caber na cartola, isso vai representar algo grandioso, mostrando o tamanho do amor que você guardou para compartilhar com quem está te assistindo.

Esse é o primeiro ponto que você deve analisar em relação àquilo que quer transmitir para sua vida: posicionamento, tempo, distância e energia.

- Quando você pensa em quem você é, qual desses aspectos melhor te define?

- (A) Resiliente.

- (B) Ambicioso.

- (C) Compassivo.

- (D) Criativo.

- (E) Outro. Escreva o que é...

- Qual é o principal desafio que você enfrenta ao gerenciar seu tempo?

- (A) Procrastinação.

- (B) Falta de planejamento.

- (C) Excesso de compromissos.

- (D) Dificuldade em dizer "não".

- (E) Outros. Escreva o que é...

LIÇÃO 2

ENCHENDO E TIRANDO DA CARTOLA: A ARTE DE LIDERAR

Depois vem o ponto dois, que é a **arte de liderar.** "Ah, mas eu não sou líder. Não nasci para ser líder." Negar a condição de líder é uma ilusão. Todos em algum momento são líderes, querendo ou não. Todos em algum momento influenciam pessoas. Então, já que é inevitável, já ponha na sua "cartola" os treinamentos para liderar pessoas. A liderança se aprende. Liderança é exercício. Algumas pessoas têm um dom para liderar, mas outras precisam se exercitar. E mesmo quem já tem o dom da liderança, precisa exercitar conscientemente. A importância de liderar é que, ao liderar, você lidera a si mesmo e consegue construir seus sonhos de forma real e material, ajudando pessoas a construírem seus próprios sonhos.

Uma visão muito interessante sobre um líder é que seu poder é medido de acordo com sua capacidade de influenciar pessoas. O poder de influenciar é uma medida para se identificar uma boa liderança.

O líder não força ninguém a segui-lo. Mas sabe mais do que qualquer um do time, onde quer chegar.

Ao encher sua cartola com os atributos da liderança, você não fica apenas esperando as coisas acontecerem passivamente. Você é o protagonista da sua mágica, mesmo que haja outro líder. Para um líder, a mansidão e o domínio próprio são fundamentais. Ambas fazem parte do fruto do Espírito que falaremos com detalhes mais adiante.

Aprendi que, na liderança, há mitos que precisamos eliminar da cartola:

1. **Todo gerente é um bom líder**: Liderar não é o mesmo que gerenciar. O gerente tem a função de manter o processo, mas isso não o torna automaticamente um líder. Na verdade, muitas vezes, não é.

2. **Todo empreendedor é um líder**: Quem enxerga primeiro nem sempre lidera. Identificar a solução não significa, necessariamente, que se possui a capacidade natural de liderança.

3. **Quem tem mais conhecimento é o líder**: Liderança não está relacionada ao QI ou ao acúmulo de conhecimento. Liderar é ter o poder de influenciar. O grau de influência sobre uma equipe é o verdadeiro indicador de liderança.

4. **Todo pioneiro é um líder**: O pioneiro pode ser corajoso, mas isso não o faz, obrigatoriamente, um líder. Um líder não precisa estar na linha de frente, nem ser aquele que define tendências. Liderança se manifesta quando há pessoas dispostas a seguir alguém por livre e espontânea vontade.

5. **Quem ocupa a posição é o líder**: Isso nem sempre é verdade. Se você precisa de um crachá escrito "líder" para ser reconhecido, talvez não seja realmente um líder. A verdadeira prova de liderança está na quantidade de pessoas que escolhem caminhar ao seu lado, simplesmente por acreditarem em você.

- Quem você influenciou a fazer algo na sua vida pessoal?

- (A) Família.

- (B) Amigos.

- (C) Parceiro(a).

- (D) Outros. Escreva quem

- (E) Não lembro de ninguém.

- Como você prefere liderar?

- (A) Com proximidade e suporte constante.

- (B) Delegando tarefas e monitorando resultados.

- (C) Inspirando através do exemplo.

- (D) Com pouca interferência direta.

- (E) Sinto que tenho dificuldade para liderar

LIÇÃO 3

ENCHENDO E TIRANDO DA CARTOLA: A ARTE DE COMUNICAR

O terceiro ponto é **aprender a se comunicar.**

Existem diferentes tipos de comunicação: tópica e relacional. Qual a diferença? Comunicação tópica é dizer à esposa: *"Querida, este ano não vamos viajar. Prefiro ficar em casa, estou cansado. Vamos economizar dinheiro."* Isso é uma comunicação tópica sobre as férias.

Mas, para a esposa, que talvez absorva a comunicação de forma relacional, isso pode soar diferente. Ela pode interpretar: *"Meu Deus, ele não me valoriza. Ficamos 10 anos sem viajar e agora que temos a oportunidade, ele quer economizar. Eu não valho uma viagem que seria importante para mim."*

"Ele quer economizar dinheiro. Eu estou vivendo a vida inteira ao lado dele. Ele quer economizar R$ 3 mil, que dá para fazer uma viagem. Eu não valho R$ 3 mil. Ele não me ama. Ele não me valoriza." Então, quando ela começa a reagir de uma forma agressiva com ele, o marido não entende. Ele não consegue perceber, porque a comunicação não está alinhada.

Cuidado para não "tirar da cartola" a comunicação tópica no momento em que a comunicação deveria ser relacional.

Discernir o que tirar, quando tirar e para quem tirar é fundamental para você ser aplaudido pelo seu público.

Cada um está falando como se fosse uma língua completamente diferente. Então, comunicar tem a ver com linguagens. Linguagens de amor, por exemplo. Uma delas é dar presentes. Outra é passar tempo de qualidade juntos.

Alguns entendem o amor por meio de palavras de afirmação. Outros, percebem o amor pelo toque físico, como um forte abraço. E há aqueles que percebem o amor quando alguém presta um serviço por ou para eles, como limpar a mesa ou lavar a louça.

Se uma esposa tem como linguagem de amor o tempo de qualidade, não adianta o marido dar o melhor presente do mundo e nunca ter um momento dedicado para ela, porque o que mais importa para ela é o tempo de qualidade.

Nenhum presente vai suprir ou comunicar que ele a ama. Na cabeça dele, o presente custou caro, talvez o salário de vários meses. Mas, como ele não sabe que a linguagem dela é de tempo de qualidade, esse presente não vai representar muito para ela. Por isso, a arte de comunicar é fundamental. É uma arte de realizar os sonhos de forma concreta. E a comunicação é essencial para isso.

A arte da comunicação efetiva, eficiente e eficaz requer que coloquemos na "cartola" técnicas importantes que exercitam seu semblante, ou seja, qual expressão facial você demonstra quando fala alguma coisa. Tem gente que fala que está feliz com um semblante de quem está profundamente triste.

A entonação da voz faz toda a diferença. Uma mesma frase, dita com entonações distintas, pode gerar interpretações completamente diferentes para quem a ouve. Na Imersão "Quem Esvaziou Minha Cartola", dedicamos um momento específico para treinar e aplicar essas técnicas de comunicação na prática. Durante o exercício, identificamos um problema sério de posicionamento em um dos discípulos.

A maneira como o discípulo se comunicava, causava desconforto aos ouvintes. Foi necessário praticar com ele um estilo de fala que se alinhasse ao posicionamento que ele desejava transmitir. A dicção contribui para uma melhor compreensão do que é dito, enquanto a gesticulação adiciona vida e emoção às palavras.

Detalhes como a postura corporal e a altura adequada do queixo durante uma entrevista, podem transformar completamente a percepção que os outros têm de uma pessoa.

No curso "Comunicação que Transforma", também trabalhamos a mente para discernir o que merece ser dito e o que deve ser omitido. Ou seja, além dos aspectos físicos da comunicação, exploramos a dimensão espiritual, entendendo o poder da bênção e a importância de decidir o que falar e o que calar. Como diz o provérbio: "A língua tem poder sobre a vida e sobre a morte; quem sabe usá-la será recompensado." (Provérbios 18:21).

- Qual é o maior obstáculo para uma comunicação eficaz, na sua opinião?

- (A) Falta de clareza.

- (B) Barreiras emocionais.

- (C) Diferenças de expectativas.

- (D) Falta de escuta ativa.

- (E) Nunca ter treinado minha comunicação.

- O que você pode fazer para aprimorar sua comunicação?

- (A) Praticar a escuta ativa.

- (B) Ser mais claro e objetivo.

- (C) Ajustar minha comunicação ao público.

- (D) Reduzir a reatividade emocional.

- (E) Treinar definitivamente com alguém que me oriente.

LIÇÃO 4

ENCHENDO E TIRANDO DA CARTOLA: ALIMENTOS PARA O CORPO, PARA A ALMA E PARA O ESPÍRITO

O quarto ponto é **corpo, alma e espírito.** Creio que somos seres triunfos e precisamos alimentar nosso corpo, nossa alma e nosso espírito.

O corpo é o físico – membros, braços, saúde, artérias, órgãos. Como está essa parte física de você? Estamos alimentando nosso corpo com coisas saudáveis ou prejudiciais? Estamos dormindo bem? O alimento que ingerimos afeta a alma? Se eu coloco na cartola hábitos destrutivos, contribuo para enfraquecer o corpo com maior rapidez. O que você espera, ao tirar o que não presta de sua cartola?

A alma é formada pela inteligência e pelas emoções que geram sentimentos. Como estão nossas emoções? O que estamos fazendo para mantê-las saudáveis? O que estamos colocando dentro de nossas "cartolas" para que nossas emoções e intelecto sejam edificantes e abundantes?

E o espírito? O que estamos fazendo para alimentar nosso espírito? O que estamos fazendo para viver bem espiritualmente?

CORPO, ALMA E ESPÍRITO. O QUE TEM PARA CADA UM DESTES ELEMENTOS EM SUA CARTOLA?

Corpo, alma e espírito. Acredito que somos formados por esses três elementos. O que quero deixar claro é que o que estou compartilhando com você não é uma fórmula universal. Não existe método que funcione para todas as pessoas sem exceção. Quem afirma isso está se iludindo.

O que pode acontecer são referências que você pode seguir conforme se identifica com elas. O importante é identificar a coerência nessas referências. Se não houver coerência das escolhas feitas para o corpo, alma e espírito, algo está errado.

Por exemplo, um homem decidido a ser um pai de família, deve ter um estilo de vida condizente com essa imagem. Se você vê uma foto desse pai em um bar, cercado por mulheres desconhecidas, percebe que há algo incoerente. Não é uma regra, mas uma interpretação natural de quem observa.

Trabalhei muitos anos e ainda trabalho com plateias ao redor do mundo. Estudei o comportamento humano sob a ótica exclusiva do ilusionismo. Para selecionar os atos que apresentaria num espetáculo ou a abordagem que usaria numa palestra, eu precisava analisar o comportamento do público.

Cada público em cada momento e em cada lugar é diferente. Mesmo realizando o mesmo ato, faço adaptações para comunicar exatamente o que aquele público precisa ouvir.

O que compartilho é algo muito pessoal, mas conheço muitas pessoas que se identificaram com a minha mentalidade e hoje são prósperas e bem-sucedidas em diversas áreas que antes não eram.

É ilusão acreditar que somente o sucesso financeiro é suficiente, pois temos que encher a cartola com aquilo que transforma também as demais áreas como relacionamentos, saúde, e outros aspectos da vida que levam à felicidade. E isto acontece quando vivemos a plenitude, prosperidade e propósito.

O corpo influencia muito. Saúde física, postura, tônus muscular. Se você enfrenta constantemente dor ou doença, isso afeta tudo. Um amigo mágico espanhol, Juan Mayoral, dizia: "*Quando você tem boa saúde, parece que tem mil problemas para resolver. Quando está doente, parece que todos os problemas desaparecem e você só tem um: a saúde.*" Manter a saúde é fundamental para transformar sonhos e planos em realidade.

A saúde não vem apenas da alimentação, mas também do condicionamento físico e da mentalidade. "Coração alegre dá saúde ao corpo: espírito abatido seca os ossos". (Provérbios 17:22). Vejo muitos grandes empresários com saúde debilitada, muitas vezes com sobrepeso, e isso afeta até mesmo a longevidade.

Outro amigo, preparador físico, Pierre Ferreira, dizia: "A saúde é a empresa mais importante de todas que o empresário possa ter. Se ela falir, leva as demais junto."

Quem trabalha em alta performance, seja empreendedor ou líder, precisa de uma vida ativa e saudável para mobilizar, influenciar e orientar pessoas, além de estar aberto para aprender constantemente.

Quantas vezes vi pessoas que, por estarem distraídas, cansadas, drogadas ou alcoolizadas, não conseguiam absorver as lições que eram compartilhadas. Estar com a saúde comprometida afeta a capacidade de ouvir e entender informações importantes.

Por isso, o corpo é fundamental. Não vou me aprofundar muito, mas há várias maneiras de cuidar dele, desde garantir boas horas de sono, até se alimentar conforme as necessidades do seu organismo. O que serve para uma pessoa, pode não servir para outra. Ter um bom médico que o acompanhe também é essencial.

Pense que para encher e tirar algo do fundo da cartola depende da saúde do seu corpo. Se você está com os braços machucados, não conseguirá tirar nada do fundo da cartola, pois nem usando a sua boca seria impossível alcançar o compartimento secreto. A menos que use os pés, ou desenvolva outra habilidade para retirar o que está na cartola.

Se não tem braços nem pernas, precisará adaptar o "truque". Caso contrário, nada sairá da cartola. Isto acontece com pessoas que possuem uma vida toda transformada por um infortúnio no corpo.

A alma representa a nossa mente com o intelecto e as emoções. A alma é o que muitas vezes faz o corpo agir perante as pessoas. Ela gera adrenalina, endorfina e outros elementos químicos que você precisa para reagir em determinadas situações ou para sentir prazer.

A alma pode ser ferida, e quem fere o outro ser humano geralmente já tem a sua própria alma ferida. Já fui um líder que, com palavras contundentes, feria pessoas sem perceber. Fui um administrador que por incompetência, me atrapalhava na hora de prestar contas e isto gerava raiva em mim mesmo. Com certeza a maneira de liderar e administrar poderia ser mais leve e edificante.

A mente também está ligada ao símbolo da cartola. O que você coloca na sua mente, lá nos bastidores, determina o que você compartilha com os outros na "hora do show". Agir da mesma forma com todos, seja com subordinados, esposa ou filhos, não é funcional. Embora a cartola seja a mesma, você deve decidir o que vai tirar dela a cada momento e para cada pessoa diferente. Isso está relacionado à identidade.

Talvez você tenha mentiras no coração sobre quem você é, assim como eu tinha. Eu me sentia inferior por ser asiático e não podia alterar meu corpo, intencionalmente mudando meu rosto. Mas ao entender minha verdadeira identidade, percebi que tenho um propósito diferente daquele que eu enxergava. E esta nova consciência mudaria meu destino para sempre.

Corpo, alma e espírito devem estar em harmonia. A alma influencia o corpo e vice-versa. E o espírito, que rege o mundo invisível, também deve ser alimentado. A lei de semear e colher é um exemplo do que chamamos de invisível. O que você semeia, você colhe. Semear boas ações, amor e conhecimento traz bons frutos para sua casa.

Acreditar que aquilo que não enxergamos, não existe, é uma ilusão. Independente de não aceitarmos ou ignorarmos. O amor, por exemplo, é uma decisão. Quando você decide amar, cria uma atmosfera de amor. Semear amor é colher amor. Abençoar os filhos ou subordinados é usar sua autoridade para o bem. Na cultura judaico-cristã, a benção é frequente.

Nos seminários que ministramos sobre este assunto, mostramos os bastidores vividos na Cultura da Benção. Pais abençoam seus filhos para serem sábios e fazerem a diferença no mundo. Isso gera prosperidade.

Infelizmente, em algumas culturas, os pais chamam os filhos para criticar sem edificar, o que pode afetar negativamente suas vidas. Esse ciclo de negatividade pode passar de geração em geração. Precisamos quebrar isso, abençoando e valorizando, não apenas financeiramente, mas culturalmente e espiritualmente.

Assim como é fútil medir uma pessoa apenas pelo dinheiro que tem, é crucial reconhecer suas obras e o impacto que têm na comunidade. O espírito deve ser alimentado diariamente, pois é ele que nos guia além do que a alma e o corpo podem perceber. Para quem vive uma vida com Deus, é pelo espírito que há a conexão com o Criador. Quando há o domínio do espírito sobre a alma e o corpo, enxergamos a transformação evidente de um ser humano.

- Com que frequência você pensa e se preocupa com sua saúde?

- (A) Diariamente.

- (B) Semanalmente.

- (C) Raramente.

- (D) Apenas quando estou doente.

- Com o que você tem alimentado sua alma nos últimos 5 anos?

- (A) Literatura e arte.

- (B) Relacionamentos significativos.

- (C) Crescimento espiritual.

- (D) Nada em particular.

- (E) Outros...

LIÇÃO 5

ENCHENDO E TIRANDO DA CARTOLA: A SABEDORIA DAS PARÁBOLAS, METÁFORAS E SIMBOLOGIA

O quinto ponto é o **poder das parábolas, metáforas e simbologia.** Como fazemos as pessoas enxergarem através desses símbolos? Jesus era especialista em usar parábolas para explicar verdades complexas de maneira simples.

De forma objetiva, sem aprofundar no significado de parábolas, símbolos e metáforas, quero focar em como utilizá-los na prática para transformar sonhos em realidade e interpretar possibilidades. A questão é: você usa parábolas, metáforas e símbolos para expressar seus desejos e sonhos?

Muitas vezes, fazemos isso de maneira inconsciente. Quantas vezes, por exemplo, dizemos "Quero ir à academia e ficar gigante", referindo-nos a alguém forte e musculoso, e não para nos transformar em um "palito", simbolizando alguém magro.

Usamos essas figuras de linguagem para expressar nossas intenções. É importante entender o que essas figuras representam em nossas mentes, tanto para compartilhar quanto para assimilar uma lição. Muitas vezes, uma figura de linguagem pode ser mais poderosa do que palavras sofisticadas e técnicas.

Por isso, dediquei este capítulo às figuras de linguagem. Jesus Cristo usava essas figuras para explicar assuntos complexos. A Bíblia frequentemente utiliza linguagem simples para explicar verdades complexas, ajudando-nos a entender mensagens para nossas vidas.

Uma das parábolas mais famosas é a do semeador, onde Jesus fala de sementes que caem em diferentes tipos de solo, representando como as lições de vida são recebidas. Algumas sementes caem à beira do caminho e são comidas pelos pássaros. Outras caem em solo pedregoso e, sufocadas pelos espinhos, não crescem. Mas as que caem em solo fértil frutificam e se multiplicam.

Essa parábola ilustra como as lições podem ser ignoradas, esquecidas ou, quando bem recebidas, produzir frutos e serem disseminadas. Jesus usava essas parábolas para falar sobre a Palavra de Deus, que pode transformar vidas se absorvida corretamente.

No meu espetáculo, uso metáforas visuais para transmitir mensagens. Por exemplo, um coração vermelho que aparece de repente simboliza o amor, que surge inesperadamente. Quando estou preso em um baú, isso representa as prisões da vida, crenças limitantes que podemos superar.

Essas figuras de linguagem tornam a mensagem mais clara e poderosa. Durante anos, usei o ilusionismo apenas como entretenimento, mas percebi a linguagem poderosa que isso podia representar. Hoje, todo espetáculo tem um propósito:

transmitir mensagens de legado, liderança, comunicação, trabalho em equipe e resiliência.

Grandes organizações e pessoas participam dessas experiências para assimilar lições de uma forma que vai além do intelecto, tocando o coração. Muitas vezes, sou contratado para semear uma mensagem no coração das pessoas, algo que já está na mente delas, mas que precisa frutificar.

Um exemplo claro é a passagem bíblica onde Deus fala a Abraão para contar as estrelas, simbolizando a vasta descendência que ele teria. Essa imagem não apenas ficou na mente, mas entrou no coração de Abraão, tornando-se um propósito.

Isso é crucial para empresas onde, a cada ano, as pessoas precisam atuar de maneira diferente devido aos novos desafios. Assim como na minha trajetória, onde ser mágico não era suficiente para ser um bom ilusionista, pois liderar uma equipe e gerenciar recursos requer habilidades diferentes. Adaptar-se a essas mudanças pode alterar completamente os resultados.

- Você utiliza metáforas ou símbolos para expressar seus desejos e sonhos?

\- (A) Frequentemente.

\- (B) Ocasionalmente.

- (C) Raramente.

- (D) Nunca.

- Qual símbolo ou metáfora você mais usa no dia a dia?

- (A) Um animal ou figura mítica.

- (B) Um objeto ou ferramenta.

- (C) Uma imagem natural (como o sol ou montanhas).

- (D) Outro.

LIÇÃO 6

O INVISÍVEL QUE INFLUENCIA TUDO O QUE VOCÊ FAZ DE VISÍVEL: O FRUTO DO ESPÍRITO

Nessa parte, quero abordar o lado espiritual, que transcende o técnico e o emocional, e é essencial para qualquer profissional em uma grande organização, empresa ou empreendimento. Para alguém que sonha com um legado e gerações abençoadas, ter o fruto do espírito para liderar uma família é fundamental.

Uma pergunta que sempre me fazem é: *"Issao, por que algumas pessoas famosas, com tantos recursos, acabam cometendo grandes atrocidades?"* Em outras palavras, por que alguém que teoricamente possui dinheiro suficiente para sustentar gerações futuras ainda se preocupa com prazeres imediatos ou vícios destruidores que o dinheiro pode pagar facilmente?

Isso requer uma reflexão. Ter dinheiro não resolve todos os problemas. Os problemas que você enfrenta hoje não são apenas financeiros, mas muitas vezes são gerados por disfunções emocionais ou questões espirituais.

Muitos desejam fazer tudo corretamente. Ser uma pessoa de sucesso significa não apenas ter recursos financeiros, mas também ser reconhecido pelo valor que gera para a humanidade, independentemente do dinheiro.

Generosidade não se limita ao dinheiro, pode ser expressa pela cordialidade, ajudar, ensinar, orientar e acolher pessoas, transmitindo valores e princípios que farão diferença no futuro delas. Essas pessoas tendem a levar um estilo de vida que serve como referência para a sociedade.

Chegamos aos elementos que identificam uma pessoa de bem, alguém que deixa um legado para futuras gerações e contribui para o bem-estar e desenvolvimento da humanidade. O fruto do Espírito, encontrado nas Escrituras Sagradas, possui nove características: amor, alegria, paz, bondade, benignidade, fidelidade, mansidão e autocontrole.

Amor, alegria e paz são três grandes desafios para muitas pessoas bem-sucedidas financeiramente. Elas podem ter muito dinheiro, mas frequentemente não têm amor, verdadeira alegria ou paz. Podem viajar pelo mundo, mas continuam mal-humoradas e sempre esperando o pior.

A bondade é o desejo de fazer coisas boas para os outros, pensando sempre em como contribuir mais para o crescimento das pessoas ao seu redor, para a comunidade, para a família, e para aqueles que precisam de ajuda. A benignidade envolve ter olhos bons, ser gentil e generoso lá no fundo do coração. "Se os teus olhos forem bons, todo o teu corpo estará cheio de luz. Mas se os teus olhos forem maus, todo o teu corpo estará em trevas" (Mateus 6:22-23). A fidelidade é a lealdade aos princípios e compromissos com as pessoas.

Essas características do fruto do Espírito são fundamentais para se viver uma vida plena e significativa, indo além do sucesso financeiro e contribuindo para um legado duradouro e positivo na sociedade.

São características de uma pessoa bondosa, caridosa, uma pessoa gentil. Fazer a gentileza também pode mudar o dia de uma pessoa, e este é o poder de influência de uma pessoa com as características de quem é bondosa. Mas tudo isso pode ser apenas uma encenação.

A pessoa pode ser, no íntimo, alguém que não tem, de fato, uma benignidade. Ela faz tudo isso para aparentar, ela faz obras que aparentam, que a deixam com uma aparência de que é uma pessoa boa perante a sociedade.

Por isso, há o segundo elemento, depois da bondade, que é a benignidade. Benignidade é ser uma pessoa boa no fundo do coração, uma pessoa que não enxerga maldade, uma pessoa que, diante de um desafio, não está preocupada em enxergar apenas o seu lado, mas vê o lado do outro também.

É uma pessoa que não enxerga que as pessoas estão querendo destruí-la o tempo todo, porque não vê a malignidade, enxerga com mais ênfase aquilo que representa a bondade. Ela é benigna, tem algo do bem lá no íntimo, onde as decisões que toma sempre são baseadas nessa benignidade. Em outras palavras, os raciocínios, as conclusões, mesmo as decisões, são baseadas na benignidade que tem no coração.

Nada de vingança, nada de qualquer tipo de ataque ou atitude que possa ofender ou machucar outra pessoa. Mas sim, ela traz a bondade no coração. E depois dela vem a fidelidade, ser fiel. Ela é fiel nos relacionamentos, fiel consigo mesma. A fidelidade tem muito a ver com integridade. Integridade é ser íntegro consigo mesmo, com Deus e com terceiros.

Muitas vezes, somos íntegros uns com os outros, mas não somos íntegros conosco. Quando prometemos que vamos fazer academia para mudar nossa saúde e, no dia, criamos desculpas para não ir, isso é não ser íntegro consigo. Quando você combina um horário com uma pessoa, chegar no horário é sinal de integridade. Fazer o que foi combinado é sinal de integridade.

Obedecer aos preceitos de Deus, aquilo que faz parte do que você se propõe a fazer como alguém que crê que Deus é o criador e que você é filho d'Ele, e sendo feito à Sua imagem e semelhança, isso também é integridade quando você vive dentro da coerência daquilo que Deus criou como referência de vida para uma pessoa cristã, por exemplo.

Mas ainda há mais três elementos. Nós falamos então da paz, do amor, da alegria, da bondade, da benignidade, da fidelidade. Agora temos outros três que influenciam muito as atitudes e as notícias que vemos nas redes sociais. Estamos falando da mansidão, do domínio próprio e da longanimidade.

Mansidão significa ter a capacidade de controlar o uso do poder que você tem em mãos. É poder atacar uma pessoa de uma forma que você pode arrasá-la, destruí-la, talvez com palavras, talvez com recursos, seja lá o que for, mas você não faz. Não porque não pode, mas porque isso fere os seus princípios, mesmo que esteja com muita raiva.

As pessoas que, quando ficam com muita raiva, perdem totalmente o controle e usam a força que têm para devolver aquilo que as ofendeu, para ofender o outro. E muitas vezes, elas usam todo o poder que têm, a força que têm, até mesmo o poder de destruição.

Isso é uma falta de mansidão. Mansidão é conseguir administrar os recursos que você tem para realizar o que precisa ser feito. Tem gente que, por exemplo, vive sempre no limite: no limite do sono, no limite dos recursos, no limite da paciência dos outros, sempre explorando os limites.

Isso é uma falta de mansidão, no limite da saúde, porque a pessoa que tem mansidão sabe administrar e entender os limites que vai colocar. Uma das referências que temos, por exemplo, é Jesus Cristo, que como filho de Deus, tinha limites muito claros.

Ele poderia ter o poder de destruir o que quisesse, construir o que quisesse, mas sempre usava a força mínima para realizar o que precisava ser feito, para realizar suas obras. Bem, quando falamos de mansidão, é isso que representa. Mas temos também o domínio próprio, que é o controle.

O domínio próprio é ter o domínio de não ser escravo do vício, por exemplo, é o domínio de si mesmo, o domínio das suas emoções, domínio das suas vontades. Aquela pessoa que sabe que a bebida não faz bem para ela, então ela se controla, ela não bebe. E está tudo bem para ela, porque sabe exatamente o que não é bom para ela.

Então, ela consegue ter domínio próprio. Ela sabe que aquele chocolate não é bom devido à diabetes, mas ela não fica totalmente eriçada e perde o controle querendo comer e querendo descarregar essa vontade e briga com outro, não, ela consegue manter seu equilíbrio através do domínio próprio.

E temos finalmente a longanimidade. A longanimidade é a habilidade de não perder a paciência, não perder o equilíbrio, ou seja, é a pessoa que tem a capacidade de retardar aquilo que a irrita. Quantas vezes você viu o termo "pessoa de pavio curto"? O que significa pavio curto? É aquela pessoa que, qualquer ofensa que recebe, já explode para se defender ou para atingir quem a ofendeu.

O pavio curto é completamente oposto da longanimidade, que se fosse para falar nesse sentido, significaria que a pessoa que tem o pavio longo ela demora, tem o controle emocional para ficar raivosa, para devolver na mesma moeda, para responder a qualquer tipo de ofensa. Ela não se irrita à toa e isso quando se irrita.

E quando ela se irrita, muitas vezes ninguém nem percebe, porque ela demora tanto para se irritar, para se ofender com algo, que muitas vezes passa despercebida em relação às pessoas ao seu redor. Então, o fruto do Espírito é composto por nove elementos. E o que dizemos é que o fruto do Espírito não é controlado apenas pela vontade, pela consciência, pela mente ou pela alma.

Porque, como seres humanos, temos alguns sistemas de defesa automáticos, praticamente instintivos, e sem o espírito, não conseguimos fazer bom uso de todos esses nove elementos. Nove elementos: paz, amor, alegria, bondade, benignidade, fidelidade, mansidão, domínio próprio e longanimidade.

- Qual aspecto do fruto do espírito você sente que ainda não desenvolveu totalmente?

- (A) Paz.

- (B) Amor.

- (C) Bondade.

- (D) Domínio próprio.

- (E) Fidelidade

- Os problemas que você enfrenta hoje são mais relacionados a questões:

- (A) Financeiras.

- (B) Emocionais.

- (C) Espirituais.

- (D) Relacionais.

- (E) Outro problema. Escreva...

LIÇÃO 7

ENCHENDO E TIRANDO DA CARTOLA: A JORNADA I.S.S.A.O. PARA CONFRONTAR O IMPOSSÍVEL

E temos mais cinco pontos relacionados à jornada Issao. Como nasceu a jornada Issao? A partir de uma situação, analisando 20 anos de projetos ousados, muitos nunca antes realizados no país ou no exterior.

Durante 20 anos, tive um projeto diferente todo mês e todos bem-sucedidos. O que havia em comum em todos eles? Os projetos eram bem diferentes, mas sempre atingiram os resultados esperados e houve a superação de expectativas na grande maioria deles.

Uma hora a missão era fazer aparecer um caminhão, outra fazer um artista levitar, outra fazer um CEO desaparecer e reaparecer em outro lugar. O que tudo isso comunicava de tão relevante para o público? Qual o segredo de ser sempre bem-sucedido? Isso veio de uma sequência de situações específicas que permitiu que acontecesse. E essa sequência foi identificada. Sempre começava com "imaginar".

O que eu tinha que imaginar? Esse é o sexto ponto: a **arte de imaginar**. Imaginar com detalhes onde quero chegar, o que estarei vestindo, quais meus sentimentos neste momento, meu olhar, os cheiros do ambiente, a minha postura, o comportamento das pessoas ao redor, o ambiente e minha saúde. Quanto mais detalhes, melhor.

O sétimo ponto é **saber**. Depois de imaginar algo, vem o descobrir, pesquisar e analisar o que é necessário para que a imaginação se torne realidade. Descubra o que você precisa em termos de recursos, novas habilidades, relacionamentos e tempo. Por exemplo, uma criança leva de sete a nove meses para nascer. Planejar sem saber desse detalhe pode resultar em frustração.

O oitavo ponto é **superar**. Não adianta imaginar e saber o que fazer se não colocar energia para superar as dificuldades. Ter ciência de que precisa de recursos financeiros, por exemplo, é importante. Mas como conseguir o recurso que não tem hoje? Talvez precise aprender algo novo. Superar limitações técnicas e de conhecimento é crucial. Mas não adianta imaginar, conhecer, superar, se não agir.

O nono ponto é **agir**. Eu imagino tirando algo fantástico da cartola e a plateia aplaudindo de pé. O que preciso saber para isso? Colocar algo fantástico na cartola, ter um fundo falso bem feito, parecer que a cartola está vazia. Se o fundo falso estiver mal posicionado, a plateia perceberá. Entender isso é importante. Como superar? Construir um fundo falso bem elaborado e decidir o que colocar dentro que caiba.

Ou seja, não adianta querer colocar um gato na cartola; não vai caber, a menos que a cartola seja gigante. Este limite me leva a trabalhar com opções menores, mas que também surpreendam o público. Superar essas dificuldades exige "agir".

Agir é experimentar na prática, colocar energia em cada atitude como entrar no palco, mostrar a cartola vazia, a mão vazia, enfiar a mão na cartola e tirar algo que surpreenda a plateia no significado e na performance. Preparar a cartola nos bastidores, colocar o objeto que encantará a plateia, são ações imprescindíveis.

Agir é testar até entender o que a plateia quer ver, correr atrás das opções, superar os desafios para encontrar o que vai colocar dentro da cartola, ter recurso para adquirir o que vai ser sacado para fora e agir na hora certa. O agir é fundamental para que a plateia sinta a emoção que diferencia um humano de uma máquina.

E finalmente, o décimo ponto que é **ousar**. Posso fazer tudo: imaginar, saber, superar, agir. Mas como vou fazer e para quem vou fazer, faz toda a diferença. Posso imaginar, saber, superar e agir, fazendo a apresentação para meia dúzia de vizinhos.

Passar a vida inteira fazendo isso para meia dúzia de vizinhos, tirando coisas diferentes da cartola. Eles ficarão surpresos, mas uma hora cansarão se você não tiver a capacidade de variar o que tirará da cartola. A pergunta é: quanto que você está colocando de energia para tocar o coração dos seus vizinhos? Você não conseguiria atingir também outras nações?

Eu também posso me desanimar e não querer mais. Então, deixo a cartola de lado. Não farei mais a “mágica” porque estou desmotivado e não me sinto mais desafiado ou perdi o sentido do porquê fazer. Mas, quando ouso, começo a pensar fora da cartola. Apresento para os vizinhos, mas por que não apresentar também para uma multidão? Por que não ensinar mais pessoas a fazerem o mesmo e influenciar o mundo?

LIÇÃO 7.1

IMAGINAR: A IMPORTÂNCIA DE ENCHER A CARTOLA COM A IMAGINAÇÃO

Imaginar é o primeiro passo de uma jornada que identifiquei ao longo de 20 anos, realizando projetos inéditos e impossíveis. Mesmo com condições adversas no Brasil, conseguimos realizar feitos dentro dos padrões internacionais de ilusionismo. Por isso, chamo essa jornada de **I-S-S-A-O**, que significa **I**maginar, **S**aber, **S**uperar, **A**gir e **O**usar.

Já notou que tudo o que você deseja, você imagina antes de ter? Carros, situações, viagens, casas, ou a realização de projetos, tudo começa na imaginação. Quando o parque da Disney foi inaugurado, alguém comentou que era uma "pena que Walt Disney não estava vivo para ver o parque funcionando". Seu irmão respondeu: *"Walt Disney viu o parque funcionando antes de todos nós."* Imaginar é visualizar detalhadamente o que queremos alcançar.

Em meus projetos, como fazer um caminhão aparecer do nada, não havia referências nem receitas prontas em nenhum lugar do mundo. Para o novo, não existe uma fórmula mágica. Isso vale também para o empreendedorismo. Duas lojas com estruturas similares, podem ter resultados bem diferentes. O importante é ter um caminho claro para alcançar seus objetivos.

Lembro-me de quando comecei a realizar meus primeiros projetos, sem nenhuma referência. A primeira ideia era buscar referências para entender onde eu queria chegar. Contudo, era tão inovador que não havia precedentes. Fazer um caminhão aparecer, por exemplo, não tinha nenhum modelo ou alguém que já tivesse feito isso antes.

Então, comecei a buscar referências semelhantes. Em Las Vegas, observei como faziam elefantes aparecerem e compreendi a dinâmica, pois elefantes e caminhões têm tamanhos similares. No entanto, havia um problema: o elefante caminha em silêncio, enquanto o caminhão é estático. A técnica usada para o elefante não funcionaria para o caminhão. Então, comecei a imaginar.

Imaginei todo o processo. Como fazer um caminhão surgir, num grande espetáculo ilusionista, em uma área vazia com convidados ao vivo, em poucos segundos? A primeira coisa que fiz foi desenhar. Sou muito visual, então gosto de imagens além de palavras. Hoje, meu computador está cheio de imagens de todos os projetos que realizei nos últimos anos.

Esses projetos começam como rascunhos no computador, com luzes, efeitos especiais, trilhas sonoras, e como as pessoas estarão vestidas. Cada detalhe é importante. Esse processo pode ser usado para qualquer coisa que você deseja planejar na vida.

Quando tive o primeiro carro dos meus sonhos, a primeira coisa que fiz foi imaginá-lo. Que carro era? Decidi a cor, se era preta, prata ou outra cor. Passei horas analisando a cor e o modelo exato, decidindo os detalhes que fariam aquele automóvel perfeito. Imaginar antes de ter foi fundamental.

A imaginação envolve dois momentos importantes: o **técnico**, com aspectos físicos e visíveis do que você quer, e o **invisível**, relacionado à emoção. É sobre como você quer se sentir quando isso acontecer. Quer estar estressado ou tranquilo e sorridente?

Quem você quer ao seu lado nesse momento? Quais são as emoções e pensamentos que você deseja ter? Como deseja que as pessoas que estarão lá se sintam? Imaginar é fundamental, tanto a parte física e visível quanto a mentalidade invisível e emocional, e até mesmo o aspecto espiritual que acontece quando tudo se materializa diante de você.

Outro ponto importante que aprendi no mundo artístico e teatral é que o imaginar não é completo se ficar apenas na teoria ou no papel. Ele se torna pleno quando colocado em prática. Os ensaios nos bastidores, longe dos olhos da plateia, servem exatamente para isso: lapidar aquilo que imaginamos.

Visualizamos um espetáculo perfeito, mas essa perfeição não se materializa de imediato. Nos bastidores, enquanto ninguém vê, devemos ensaiar até que ele realmente se aproxime daquilo que desejamos. Este ensaio é uma lapidação.

Por isso digo "dez para um". Para cada apresentação que parece ser uma estreia para o público, ensaiamos pelo menos dez vezes fora do olhar da plateia. Nesses ensaios, corrigimos detalhes importantes, garantindo que no dia da estreia, o resultado seja fiel ao que foi imaginado e materializado diante da plateia.

É essencial entender que o imaginar pode ser lapidado antes de ser apresentado ao mundo físico. Isso é visível, por exemplo, em um produto recém-lançado. Imaginamos e idealizamos o produto, mas ao longo do processo de maturação, ele é lapidado até atingir o que foi concebido inicialmente. Isso vale para produtos, projetos, empresas e tudo o que queremos realizar e concluir.

Um grande segredo está no estado de espírito desejado durante todo o processo. Se não considerarmos isso, podem surgir muitos detalhes que impedirão a tranquilidade durante a entrega. Imagine corrigir exaustivamente os detalhes da ideia até que o que foi materializado supere as expectativas.

Considere os desgastes que uma equipe pode enfrentar nesse período. Muitas vezes, focamos apenas na entrega final, sem pensar no impacto emocional, espiritual e físico na equipe envolvida.

Esse ponto revela o quanto imaginar é completo. Inicialmente, eu não dava muita atenção a esse aspecto. Com a prática, percebi a importância de dedicar tempo à imaginação, o que torna tudo mais claro e evita negligências durante a criação.

O processo de imaginar está na criação. Antes, eu dava menos atenção à criação porque já íamos rapidamente para a etapa da construção. Porém, na fase da produção sofríamos porque na criação muitas etapas foram puladas e muitos detalhes passaram despercebidos. Hoje, vejo que imaginar uma empresa, um futuro, um legado ou qualquer coisa, complexa ou simples, exige tempo e dedicação para maturação.

Por isso, o tempo é fundamental. Não negligencie seu tempo. Dedique e calcule o tempo necessário para imaginar seus sonhos, garantindo uma construção sólida antes de iniciar o processo de materialização.

LIÇÃO 7.2

O PODER DO SABER NA TRANSFORMAÇÃO DE SONHOS EM REALIDADE

O segundo passo importante é o saber. Depois do I vem o S. **Saber quais são** as informações que você precisa ter, para poder imaginar melhor. Muitas vezes, imaginamos de forma superficial, mas depois precisamos saber quais são os elementos necessários para que a imaginação tenha o potencial de realmente se tornar algo material ou algo físico.

Isso está relacionado à sabedoria. Nesse momento de saber, é crucial levantar dados específicos que estão ao nosso alcance, incluindo os recursos necessários para materializar aquilo que imaginamos, assim como decidir qual técnica vamos usar para materializar o sonho.

A pergunta é: quanto você sabe sobre aquilo que imagina? Quanto você sabe sobre aquilo que sonha? Quando fiz a aparição de um helicóptero, por exemplo, eu não sabia exatamente quantas pessoas seriam necessárias, mas sabia que seriam muitas. Aprendi que o helicóptero possui partes que podem ser tocadas e outras que não podem. Não adianta ter uma multidão para movimentar o helicóptero sem ligar o motor, se não soubermos onde podemos tocá-lo com as mãos.

Também não adiantava amarrar cabos de aço no helicóptero e puxá-lo por outro meio de transporte terrestre. Eu precisava movimentar realmente a aeronave com pessoas que ajudassem a movimentá-la em cena. Esse conhecimento veio através de pesquisas e conversas com conselheiros. “Com muitos conselheiros prudentes há vitória na guerra” (Provérbios 24:6). Ter essas informações é um momento fundamental na jornada de transformar um sonho em realidade.

Buscar conhecimento é perguntar a mentores, a pessoas que fizeram algo semelhante, a especialistas em uma determinada área. É decidir o que você realmente deseja: realizar o projeto em cinco meses ou em dez meses? Com mil reais ou dez milhões? Você sabe quanto vai precisar para realizar aquilo que está imaginando?

Vi muitas pessoas querendo montar uma empresa sem noção do capital de giro necessário. Resultado: no meio do caminho, ficavam desesperadas, porque não imaginaram que precisariam desse recurso e não o tinham. E assim surgiam grandes conflitos entre sócios e equipes, devido à pressão violenta. Isso se dava pela falta de imaginar e saber, de estudar mais aquilo que precisavam para que a imaginação tivesse mais chance de se concretizar.

Conhecimento envolve pesquisar, fazer cálculos, planilhas, testes e anotar cada segundo. É possível reduzir o tempo de uma técnica de vinte para cinco segundos? Talvez, mas é necessário entender o que se quer e testar se isso é possível. Quando a equipe começa a fazer isso, percebe que pode reduzir de 20 para 10 segundos, mas talvez não para cinco.

Nesse momento, enxergar uma nova técnica pode ser a solução. Por exemplo, para surpreender com a cartola aparentemente vazia, é necessário saber que objeto colocar no fundo, e retirá-lo no tempo certo.

Saber é fundamental. Três passos **importantes** no saber são:

1. Pesquisar e estudar tudo o que já foi feito de semelhante ao que você imagina.

2. Identificar os recursos necessários para materializar o que você imagina.

3. Entender a intenção emocional e a energia que você precisa dedicar para que o que você imagina aconteça.

Saber é fundamental para transformar a imaginação em realidade.

LIÇÃO 7.3

SUPERANDO DESAFIOS: A MAGIA DA RESILIÊNCIA E IMPROVISAÇÃO

A pergunta é: você já superou algo negativo da sua vida que mudou seu destino? Algo que, ao ser mudado, trouxe conquistas e resultados diferentes? Superar é crucial. Eu, por exemplo, tinha um grande medo de errar. No ilusionismo, não há meio-termo. Você pode acertar 20 apresentações, mas será lembrado pelo erro na 21ª.

Esse medo de errar me fez liderar pela política do medo. O ambiente que eu criava era de terror. O maior medo ocorreu na TV, quando precisei fazer a aparição de um helicóptero ao vivo no programa do Ratinho. Ninguém havia feito isso ao vivo antes. Era uma estratégia para manter o público entre o jornal de grande audiência e a novela que era o programa de TV mais assistido do Brasil.

O desafio era enorme. Se desse errado, o fracasso seria visto ao vivo por uma vasta audiência. Mas, se desse certo, o helicóptero surgiria do nada diante de um público imenso pela primeira vez na história da televisão brasileira. Aceitei o desafio porque amava desafios e sabia que os aceitar era essencial para concretizar minha carreira.

Neste projeto, entramos com nossa equipe de liderança ilusionista formada pessoalmente por mim e a emissora forneceria a mão de obra dos técnicos braçais. Em três dias, treinamos os técnicos que nunca tinham trabalhado com ilusionismo em suas vidas, para garantir que o helicóptero surgisse do nada em segundos.

No dia da apresentação, já estava combinado que o helicóptero só chegaria alguns minutos antes de entrarmos no ar, antes da famosa "novela das oito". Ensaiamos somente os movimentos com a equipe, já exaustivamente treinada, sem o helicóptero, pois já tínhamos feito testes perfeitos com ele.

No dia da apresentação ao vivo, a equipe treinada não chegou no horário combinado. Almoçamos, lanchamos e esperamos. Nunca vi tantas embalagens e copos descartáveis juntos após a refeição. Finalmente, o produtor informou que a equipe estava a caminho. Os 10 técnicos chegaram com atraso, mas estavam prontos.

Quando a equipe chegou, tive um pressentimento ruim, pois não reconhecia ninguém da equipe com a qual havia ensaiado nos dias anteriores. Estavam presentes dez pessoas estranhas que nunca tínhamos visto antes. Perguntei ao produtor do programa sobre a mudança dos técnicos. Ele explicou que a equipe anterior pertencia a outra empresa fornecedora, mas devido a um novo contrato, eles foram substituídos por técnicos de um novo fornecedor, que agora estavam à nossa disposição.

Foi então que percebi a realidade: a equipe que havia ensaiado por três dias não estava mais lá. No lugar, havia uma equipe de novatos que nunca tinham visto ilusionismo na vida. E para piorar, não havia mais o helicóptero para ensaiarmos como fizemos no primeiro ensaio com outra equipe! Todos da minha equipe me perguntavam: "E agora, Issao, o que faremos?" Eu sabia que precisava superar esse problema imenso que eu nunca tinha enfrentado antes.

Decidi fazer o que o mundo dos espetáculos faz em cima do palco, quando as coisas não acontecem conforme o planejado: improvisar! Pegamos as embalagens disponíveis e nomeamos cada copo com o nome dos novos integrantes. Improvisei com os materiais em abundância, uma maquete dinâmica para mostrar o que ia acontecer, simulando o helicóptero com uma embalagem maior. Passamos todas as instruções para que cada um movesse seu respectivo copo e soubesse sua posição durante a apresentação. Treinamos mentalmente e repetidamente até a hora da apresentação.

O helicóptero chegou em cima da hora, mas a equipe toda já sabia o que fazer. Na hora do show, o "show time", houve um atraso de três segundos para o helicóptero "aparecer do nada", porém imperceptível ao público. O gigante helicóptero se materializou diante das câmeras de TV dando um pico de audiência, conforme o planejado.

Essa experiência ressaltou a importância de quatro pontos:

1. **Posicionamento:** Como diretor e ilusionista, minha responsabilidade era resolver o problema sem culpar ninguém. Aceitei a situação e me posicionei para superá-la.

2. **Time:** Tínhamos apenas quatro horas para mobilizar a equipe e fazer tudo acontecer. A agilidade do time foi crucial. Não havia tempo para discussões ou demonstrações de desconfortos. Tínhamos que passar 10 vezes seguidas a movimentação na maquete para garantir a perfeição na hora do programa ir ao ar ao vivo.

3. **Proximidade:** Normalmente há uma distância entre a equipe técnica e o elenco, mas naquele momento, a proximidade era essencial. Através do olho no olho, transmitimos confiança e determinação.

4. **Energia:** Toda a equipe colocou uma energia intensa para realizar em quatro horas o que normalmente seria feito em quatro dias, cobrindo cada detalhe com precisão, concentração e energia física.

Essa experiência reforça a importância de não se deixar vencer pelo mal, mas sim, vencê-lo com o bem. "Não deixem que o mal os vença, mas vençam o mal praticando o bem". (Romanos 12:21)

LIÇÃO 7.4

AGIR OU NÃO AGIR? OPORTUNIDADE PERDIDA PARA SEMPRE POR NÃO AGIR: LIÇÕES DE AÇÃO E PROPÓSITO

Você já perdeu uma grande oportunidade por falta de ação, mesmo tendo tudo planejado? Isso me faz lembrar de um cliente que nos procurou. Ele era o fundador de uma grande empresa brasileira. Inicialmente, pensei que não tinham verba, mas descobri que os funcionários estavam fazendo uma "vaquinha" para presentear o fundador, que estava gravemente doente e adorava mágica.

Estávamos ocupados com projetos remunerados envolvendo contratos rigorosos, então acabei não agindo a tempo. Quando percebi, o evento já tinha passado. Mais tarde, soube que o fundador havia falecido. Perdi a chance de homenageá-lo por falta de ação.

Refletindo sobre isso, percebo que faltou:

1. **Posicionamento:** Como empreendedor, eu estava focado apenas no lucro. Naquela época, nossa missão de fazer a diferença na vida das pessoas ainda não estava clara.

2. **Tempo:** Perdi o momento certo de agir. Quando percebi, já era tarde demais.

3. **Proximidade:** Havia uma grande distância entre a direção e o comercial, além de uma falta de proximidade com o cliente, o que impediu uma comunicação clara e a compreensão daquela situação específica.

4. **Energia:** Dediquei pouca energia ao projeto, porque não havia interesse comercial direto.

Essa experiência ensina que a fé sem obras é morta. "Quem somente observa o vento nunca semeará, e o que olha para as nuvens nunca seguirá" (Eclesiastes 11:4).

LIÇÃO 7.5

OUSADIA: A CHAVE PARA SUPERAR LIMITES E ALCANÇAR FEITOS QUE FICARÃO PARA A HISTÓRIA

E finalmente, chegamos ao ponto de ousar. A pergunta é: você já se arrependeu de não ter ido além por falta de ousadia? Já deixou de fazer algo que poderia ter feito a diferença na sua vida e na vida dos outros por receio de sair da zona de conforto? Se você disse "sim", saiba que isso é comum e impediu muitos de deixarem um legado poderoso para gerações futuras.

Ousar é estar disposto a ser o primeiro a sair da inércia. Imagine uma conferência onde ninguém faz perguntas, e você é o primeiro a levantar a mão. Esse impulso de agir, mesmo diante da incerteza, é o que diferencia aqueles que alcançam grandes feitos.

Lembro-me de quando recebi o convite para representar o Brasil no Japão, numa olimpíada de mágicas. Era jovem, inexperiente e nunca tinha viajado tão longe. Apesar dos desafios, aceitei. Naquela época, a mágica era pouco valorizada e havia poucos profissionais no Brasil. Mesmo sem patrocinadores, eu com a ajuda do meu pai e amigos da família, construímos todos os materiais artesanalmente na minha casa e parti para o outro lado do mundo.

No Japão, meu material pegou fogo. Fiquei desolado, mas o organizador me ofereceu uma segunda chance. Com o apoio dos mágicos japoneses locais, reconstruí tudo em duas horas. Entrei em cena e, apesar de alguns contratempos, os jurados concederam a mim o primeiro prêmio olímpico na arte da mágica para a América Latina.

Essa experiência destacou quatro fatores essenciais:

1. **Posicionamento:** Naquele momento, eu não era apenas um estudante de Direito, mas um artista representando o Brasil, numa competição internacional envolvendo países de primeiro mundo. Esse entendimento mudou minha mentalidade e forma de tomar decisões.

2. **Tempo:** Tinha apenas duas horas para resolver tudo. O tempo limitado exigia ação imediata. Não adiantava reclamar da falta de tempo, mas sim decidir o que fazer a cada segundo que foi me dado.

3. **Proximidade:** Mantive uma distância próxima dos organizadores, para garantir apoio e longe de influências negativas que poderiam me desanimar ou me colocar dúvidas sobre seguir em frente com o plano de se apresentar com um material todo improvisado.

4. **Energia:** Dediquei toda minha energia e foco na reconstrução e na apresentação artística que não podia ser abalada pelo emocional.

O versículo que citaria hoje, nesta mesma situação seria Hebreus 13:6: "*O Senhor é o meu ajudador, não temerei; que me poderá fazer o homem?*" A ousadia envolve acreditar em si mesmo e naquilo que se faz, sabendo que, com a determinação plantada no coração, é possível superar qualquer obstáculo.

- Qual desses aspectos você sente que precisa mais desenvolver para realizar um projeto?

- (A) Imaginação.

- (B) Superação.

- (C) Ação.

- (D) Ousadia.

- Qual é a maior barreira que te impede de concluir um projeto?

- (A) Medo de fracassar.

- (B) Falta de tempo.

- (C) Falta de conhecimento.

- (D) Desmotivação.

- (E) Outro. Escreva...

LIÇÃO 8

CARTOLA NOVA PARA UM PROPÓSITO NOVO

A pergunta que faço é: você já dedicou tempo precioso para saber o que é necessário para tornar palpável aquilo que sonhou? Ou mesmo para entender as consequências de materializar seus sonhos? Isso pode parecer uma pergunta óbvia, mas é algo que não aconteceu comigo. Nunca me perguntei isso.

Pelo contrário, quando percebi que tinha alcançado o sucesso, eu não sabia mais o que fazer da vida e percebi que o ilusionismo, minha paixão de 20 anos, não preenchia mais o vazio no meu coração. Fazer mais espetáculos ou encantar mais pessoas, já não me satisfazia mais. Nada disso me incentivava e nem me deixava feliz.

Foi assim que tudo perdeu sentido e eu não quis continuar com o que fiz por 2 décadas. Mesmo em um momento excelente da carreira, quando a tendência era crescer ainda mais, aquilo já não era o que eu queria. E foi nesse momento que veio um convite.

Um missionário me pediu para levar um espetáculo ao sertão nordestino. O tema do show seria esperança e fé, para provocar uma mudança na mentalidade naquela pequena cidade. Eu avisei que não tinha mais estrutura para espetáculos, mas insistiram e até ofereceram os voluntários da igreja.

Imaginei que, apesar da falta de *glamour*, a mensagem era mais importante. Como os recursos eram escassos, não poderia depender dos habituais efeitos especiais, mas focar na missão de tocar o coração das pessoas.

O local era distante, um lugar que normalmente nenhum diretor de turnê escolheria para uma apresentação. Estudamos quais cidades eram as mais promissoras para vender ingressos e viabilizar a apresentação. Mas nesse caso, o objetivo não era viabilidade financeira, mas levar uma mensagem que fizesse diferença na vida daquelas pessoas.

Como já sabem, no último dia, a mulher que planejava suicídio, disse que o espetáculo mudou sua visão de vida e ela nunca mais pensaria em fazer algo tão ruim.

Isso mudou a vida dela e a minha, trazendo sabedoria para continuar minha trajetória, agora focada no ilusionismo estratégico, criado para atingir um fim específico, ou seja, gerar uma nova consciência: levar esperança e fé para quem havia desistido e palavras de vida para quem convivia com a morte. O posicionamento, o tempo, a distância e a energia foram fundamentais nesse processo.

O meu papel não era o de um artista do show business, mas desta vez, de um mensageiro que traz uma mensagem especial que poderia salvar vidas. O tempo foi crucial; chegamos exatamente no dia em que a mulher planejava suicídio. A distância percorrida foi longa, 2.500 km, mas importante. Estar próximo dos voluntários e da família foi fundamental. A energia aplicada foi enorme, não para ganhos financeiros, mas para resgatar vidas. "Ouça conselhos, aceite instruções e você acabará sendo sábio". (Provérbios 19:20-21)

EXERCÍCIO FINAL

Coloque um projeto, uma ideia ou um sonho que você deseja concretizar na jornada I.S.S.A.O.

Imaginar – Imagine com detalhes o que você quer.

Saber – O que você tem que saber?

Superar – O que você tem que superar?

Agir – O que você tem que colocar em ação para acontecer?

____

____

____

____

____

Ousar – Como você poderia ousar com este projeto para ir muito além do que imaginou?

____

____

____

____

____

CONCLUSÃO

A CARTOLA VAZIA: ASSUMA A RESPONSABILIDADE DE PREENCHER SUA VIDA COM SEUS SONHOS

Quem esvaziou a minha cartola? **Ninguém.** Sua cartola está vazia porque você não a enche. Apenas você pode esvaziar sua cartola ou permitir que outros o façam por sua própria negligência, pois o único responsável em cuidar para que a cartola esteja sempre cheia é você mesmo.

Uma cartola vazia não produz nada nem provoca mudança alguma. O sentimento de vazio reflete exatamente isso. Alguns podem argumentar que o vazio não existe, mas uma cartola pode estar repleta de futilidades e, ao mesmo tempo, vazia de valores e princípios que foram deixados de lado há muito tempo. O grande segredo é este: preencha sua cartola com o que realmente representa seus valores e princípios! Encha-a com o que verdadeiramente reflete sua identidade.

Como nos ensina Filipenses 4:8: "Concentrem-se em tudo o que é verdadeiro, tudo o que é nobre, tudo o que é correto, tudo o que é puro, tudo o que é amável e tudo o que é admirável." Não permita que mentiras semeadas em seu coração o levem a desistir de encher sua cartola com o que realmente importa para sua vida.

As mentiras enraizadas no coração são como um prumo torto, que faz você construir uma vida diferente daquela para a qual foi destinado. Isso gera as seguintes situações:

- **Você não enche sua cartola,** porque acredita que nunca tem tempo ou que isso não é tão importante.

- **Você enche sua cartola de prazeres momentâneos** e deixa de lado tudo aquilo que poderia lhe trazer recompensas eternas.

- **Você enche a cartola, mas nunca a utiliza.** Quando chega o momento de fazer a diferença, você não acredita ter algo valioso o suficiente para compartilhar.

- **Você enche a cartola com ideias e mensagens destrutivas** nos bastidores, acreditando que, na hora do show, será capaz de tirar dela algo que edifique a vida dos outros.

- **Sua cartola está cheia de coisas velhas** que você nem tem mais coragem de tirar. Essas coisas antigas estão impedindo que você coloque novas ideias e possibilidades que podem mudar seu destino. É preciso esvaziar antes de encher novamente.

- **Você acumulou tanto conteúdo negativo na cartola** que ela envelheceu junto com essas coisas. Não se pode colocar coisas novas em uma cartola velha. É hora de trocá-la por uma nova, para então preenchê-la com as boas novas.

Encher a cartola é uma arte, assim como é uma arte tirar o que está dentro dela. Nos bastidores da vida, se você não prioriza colocar na cartola o que realmente importa e, em vez disso, a preenche com futilidades, não haverá espaço para as prioridades mais tarde. Nunca se esqueça de que "a boca fala do que está cheio o coração" (Mateus 12:34).

Para extrair da cartola algo que realmente transforma vidas, quando você estiver exposto ao mundo, no palco da vida, é necessário muito treinamento. Sua mente precisa estar alinhada em relação ao seu posicionamento, tempo, distância e energia.

Quem é você para tirar algo valioso de uma cartola aparentemente vazia? Em quanto tempo e qual é o melhor momento para revelar o que está dentro da cartola e fazer a diferença na vida das pessoas? Qual é a distância ideal entre você e a plateia ao tirar algo da cartola? Será que você causará mais impacto estando próximo ou distante?

E, por fim, com que energia você vai revelar o conteúdo da cartola? Como é a postura de alguém, cheio de atitude e fé ou com a insegurança de quem teme fracassar? Como é a confiança de quem nasceu para o que faz ou com o peso de achar que tudo é um erro?

Encher a cartola e, depois, "fazer aparecer algo precioso de dentro dela" após mostrá-la completamente vazia é uma mágica que pode mudar a vida de uma pessoa, ou pode se tornar apenas mais um momento sem valor, descartável como as futilidades que nos distraem. Afinal, "a palavra proferida no tempo certo é como maçãs de ouro em bandejas de prata" (Provérbios 25:11).

Depois de mais de 3 décadas vivendo a mentalidade do ilusionismo estratégico desenvolvido para realizar os projetos inéditos na história considerados impossíveis, defino o ilusionismo como a arte de decidir o que expor e o que ocultar, de acordo com o grau de influência que você quer exercer sobre um público no momento e local escolhidos.

A ideia da cartola cheia ou vazia é muito simples, mas traz reflexões poderosas que podem proporcionar *insights* e sentimentos profundos, sobre as escolhas que temos que fazer em relação às nossas finanças, nossa saúde, nossos relacionamentos, nossos compromissos profissionais, nossos sonhos, nossa espiritualidade, nossa alma e nosso corpo.

AGRADECIMENTOS

Tudo o que você leu nesta obra não surgiu num passe de mágica. Foram mais de 5 décadas de uma vida para encher o fundo da cartola até os dias de hoje.

Embora eu decida o que tirar da cartola na hora do espetáculo, quero agradecer muitas pessoas que intencionalmente dedicaram um precioso tempo de suas vidas para encherem a minha cartola, proporcionando uma riqueza de opções que até hoje influenciam o meu papel no espetáculo da vida.

Agradeço a Deus por cuidar de mim nos momentos mais desafiadores da minha vida. Afinal, Ele é o meu maior inspirador em tudo que faço de positivo desde 2010, quando eu renasci da escuridão.

Se hoje eu tenho ainda a alegria de me relacionar com as pessoas e compartilhar com elas aquilo que eu tenho no meu coração, é porque houve uma transformação impossível aos olhos humanos.

Agradeço a Jesus Cristo por seus ensinamentos em todos os aspectos humanos, e por ir até o fim em sua missão aqui na terra, permitindo que pessoas como eu pudesse enxergar o caminho, a verdade e a vida.

Agradeço os meus inesquecíveis pais queridos, Malho e Mioko, que fizeram tudo de melhor, que estava ao alcance deles para me formar um ser humano funcional na sociedade e das mais variadas formas me apoiaram em toda minha carreira ilusionista.

Agradeço meu querido irmão Leo Imamura, Grão Mestre Kung Fu Moy Yat Ving Tsun, que me acompanhou em cada fase da minha vida pessoal e profissional, sendo meu primeiro mestre nos ensinamentos de desenvolvimento humano e inteligência estratégica.

Agradeço meu querido irmão Evandro Imamura, que me inspira até hoje com sua humildade e fidelidade, a quem dedico grande parte das conquistas na minha carreira. Agradeço a minha querida irmã Emiko Imamura, que sempre, sem questionar, me apoiou quando mais precisei.

Agradeço a minha amada esposa Cybele Imamura, que trouxe um movimento nunca antes experimentado para minha vida ao me levar para perto de Cristo e ser minha querida companheira nos novos desafios.

Agradeço aos meus filhos Yudji e Yumi, que são verdadeiros presentes de Deus.

Obrigado ao meu amigo Donaldo Buchweitz que foi o meu grande incentivador para escrever esta obra. Agradeço também a paciência e o carinho de toda equipe da Ciranda Cultural.

Agradeço aos meus amigos de longa data, o casal Moacir e Elisabete Gaspi que me inspiram todos os dias com a fé que vivem em suas vidas empreendedoras.

Agradeço também ao querido Rodrigo Gaspi e suas irmãs que formam a nova geração abençoada deste casal.

Agradeço aos meus queridos amigos da família Nishimura Alessandra, Andreia, Denis, Sr. Jiro, Sra. Hiromi, Fabio, Claudia, Sr. Jorge e Sra. Marcia, que me acolheram, inspiram e me ensinam em todos os encontros até hoje.

Agradeço aos meus amigos e conselheiros Eduardo e Fabiane Pieniak, que caminharam comigo em momentos desafiadores da minha vida com Cristo.

Agradeço aos queridos conselheiros na área espiritual que foram representantes de Deus em minha vida nos momentos que mais precisei de sabedoria: Pr Teo Hayashi, Pra Zoe Hayashi, Pr Tito e Paula Yamamoto, Pr Lucas e Jaqueline Hayashi, Pr Abe e Andrea Huber, Pr Manoel Alberto e Katia, Pr Eduardo e Katia Nisimura, Pr Edson e Celia Rebustini, Pr Eduardo Reis, Pr Domingos Jardim, Pr Carlos e Katia Lopes, Marcelo Gatti e Dina Staut, Azael e Vania Shumiski.

Agradeço também as pessoas incríveis que Deus colocou em nossas vidas para me inspirar no empreendedorismo durante a caminhada com eles nos bastidores: querido Junior Almeida, meu amigo Alexandre Cavalcanti, Victor Damasio, Pablo Marçal, Nezio Monteiro, Samuel Pereira, Shirleyson Kaisser, Leila Pereira, Paulo Nobre, Ana Salomone, Rafa Prado, Pr Gilsemar Silva, Hans Huedi Wipfi, Paulo e Camila Vieira, Sidney e Nebraska Monteiro, Washington Fonseca, Alexandre e Sara, Alexandre Guzinski, Fernando Barra, Billy Bond, Dennis Nakamura, Marcella Zorzo, Dailton Dantas, Rogério e Ana Paula Lacerda, Diego Ribeiro, Alex Monteiro, Eliana Michaelichen, Luciano Huck, Roberto Shinyashiki, Fabio e Eliane Nicolinio, Junior Alfredo Consolo, Eliel Lopes, Michael Arruda, Gilson Neves, Jonathas Freitas, Thiago Taveira, Bruno Vieira, Paulo Machado, Sidney Conexão, Jonas Kaz, Whellington Figueiredo da Nefrostar, os irmãos cineastas Alex e Stephen Kendrick, Marcio Fraccaroli, Carlinhos de Jesus, meu mentor Paulo Camargo, Ricardo Voz e Zaine Assaf.

Agradeço aos meus parceiros de negócios e amigos, Tsutomo e Bete Matsumora, Dr Jorge Yamaniski Filho e Jorge Yamaniski Neto, Fabiano Nagamatsu, Dra Samantha Cruvinel e Renato Kuszlewics, Francisco e Cilene Viana, Dr Gilson e Ednéia Yagui, Caique de Oliveira Jeova Nissi, Marcos e Neneta Barros, Marcos Filho, Erandy Oliveira, Edgar Oliveira, Dennis Penna.

Agradeço também aos meus queridos parentes que nos acompanham em cada situação da vida: meus sogros Durval de Souza,

Rai Doniseti, e minhas cunhadas Cylene e Cynthia, Vanise, Leila e Maria Paula Fidalgo.

Em especial aos líderes integrantes da minha equipe querida que fizeram parte de grandes momentos de virada: Joana Margenta, Alberto Baione, Richard Vieira, Alessandra Martins, Carlos Alberto e Glen Uenaka.

Com carinho,
Issao Imamura

Contatos Issao Imamura
E-mail: contato@issao.com.br
Instagram: @issaoimamura
Site: https://issao.com.br